新時代への選択
小泉進次郎

鈴木款

※本書は2018年に刊行した
『小泉進次郎　日本の未来をつくる言葉』（扶桑社新書）に
大幅に加筆修正したものです。

はじめに

小泉進次郎氏が初めて立った2024年9月の自民党総裁選。小泉氏は当初こそ本命視されていたものの、9人の立候補者のうち結局3位に終わり、第28代総裁には石破茂氏が選出された。

2018年に出版した前著『小泉進次郎　日本の未来をつくる言葉』は、2021年の総裁選への立候補の期待で終わったのだが、それからさらに3年かかったかたちだ。

マンハッタンの夜空に巨星が上がった

思い返せば小泉氏と初めて出会ったのは2005年7月、場所はニューヨーク・マンハッタンだった。私はフジテレビ・ニューヨーク支局長として赴任した際に、知人から20代半ばの小泉進次郎氏を紹介された。当時、小泉氏はコロンビア大学院で国際政治学を学んでいる学生だった。

小泉氏の父・純一郎氏は現職の内閣総理大臣（以下「総理」）であり、兄・孝太郎氏はすでに俳優としてテレビの画面でよくその姿を見ていた。

しかし小泉氏に会うのは初めてで、その第一印象はスマートな純一郎氏や孝太郎氏に比べて、「がっしりした体格だなあ」というものだった。そして礼儀正しく精悍で、学生らしい溌溂とした話しぶりに、私は一発で好感を持った。

その冬、私はコロンビア大学院で小泉氏を指導していた米日財団理事長のジョージ・R・パッカード氏、そして小泉氏と日本食レストランで食事をしていた。焼き鳥を食べながら、大学院での勉強やニューヨークでの生活の話で盛り上がったが、それが一段落するとパッカード氏が突然こんなことを聞いた。

「お父さんの後を継いで、出馬するんだよね」

総理だった父・純一郎氏の後継者となるのか、当時から小泉氏の去就には注目が集まっていたが、この時点で小泉氏は出馬の意向をまだ公にはしていなかった。

私は緊張しながら返答を待った。そして少しの沈黙の後、小泉氏ははっきりと言った。

「はい、出馬します」

私は驚き、思わずパッカード氏と目が合った。パッカード氏も興奮を抑えきれなかったのだろう。翌朝、私に届いたメールには、こう記されていた。

「私たちは、マンハッタンの夜空に巨星が上がったのを見た証人ですね」と。

その後、小泉氏はワシントンD.C.のシンクタンクで1年間働き、2007年に帰国した。そして父・純一郎氏の秘書を経て、2009年、「マンハッタン宣言」どおり衆議院選挙に出馬した。

日本中が「政権交代」の熱に浮かされたようなこの選挙を、私は複雑な思いでニューヨークから見ていた。というのも、メディアは世襲批判を繰り返し、小泉氏もそのターゲットになっていたからだ。

しかし、小泉氏はその逆風をはね返して当選した。直後のテレビ中継で見た小泉氏は、頬がこけ、選挙戦の疲れを感じさせたが、ニューヨークで出会ったあの若者が無事、政界デビューしたことに、私はほっとした。

私が帰国したのは2010年の夏。自民党は野党に転落していた。

そして2011年3月11日、東日本大震災が発生すると、私は経済記者として福島第一原発事故を担当した。

小泉氏は自ら被災地を訪れ支援活動を行っていたが、私はその姿を遠目に見つつ、史上最悪といわれた原発事故の取材に没頭していた。

「反論があるのならぜひ聞きたい」

私が初めて小泉氏を取材の対象にしたのは、彼が自民党農水部会長となり、農業改革に乗り出したときだ。2016年1月、『週刊エコノミスト』（2016年2月2日号）の見出しに私の目は釘づけになった。「農業がヤバい」という特集に小泉氏のインタビューが掲載されており、「農林中金はいらない」と発言していたからだ。

実は、農林中金は私の前職で（1992年にフジテレビに転職）、全国のJA＝農協から集まった預金の資金運用を行っているJAグループの「中央銀行」だ。

インタビューで小泉氏は、農林中金が不要な理由を「農業者への貸し出しが0・1％だから」と述べていた。

私は「それは違う」とつぶやいた。なぜなら農林中金は、そもそもJAから預かった資金の運用を行い、利益を還元するのが役目であり、農業従事者に直接貸し出しを行う組織ではないからだ。さらに読み進めると、小泉氏はこうも言っていた。

「わかりやすく言ってしまえば、農林中金はなくていい。こういうことを言うと、ハレーションを起こすのだが、反論があるのならぜひ聞きたい」

もちろん、私には反論があった。と同時に、私はこの挑発的な言葉を読みながら、小泉氏の父・純一郎氏が、構造改革に反対する相手を「抵抗勢力」と呼んで、劇場型政治を行っていたことを思い出した。

私は小泉氏もこのやり方を踏襲するのかと訝しく思ったが、同時にいったい日本の農業のために小泉氏が何をしようとしているのか、がぜん興味をもった。

小泉氏は果たして単なる劇場型政治の扇動者なのか、それとも日本の農業の改革者となるのか。これを見定めたいと思ったのが、私が小泉氏への取材を始めたきっかけだった。

この男は本気で改革しようと思っている

改革を唱える小泉氏には、農業の現場や農協から「小泉ふざけるな」の声が上がった。

しかし、小泉氏は丹念に現場を回って声を聞き、改革に抵抗する相手を説得して回った。

小泉氏の発する言葉はいつも核心を突き、これまで多くの農業従事者が当たり前だと諦めていた壁にも、まさにドリルで穴をあけた。

当初は選挙対策の人寄せパンダと揶揄されていた小泉氏だったが、間もなく誰よりも農業、農政を熟知する人物となった。

こうした姿を取材しながら私は、「この男は日本の農業を本気で改革しようとしている」と確信した。

そして、同じ時期、小泉氏は日本の社会保障制度の見直しにも乗りだしていた。小泉氏の未来を思う言葉と行動からは、農業だけでなく、閉塞感に覆われた日本を変えようと本気で考えているのが伝わってきた。

私は農業改革が一段落したらやめようと思っていた小泉氏の取材をその後も続け、フテレビのウエブサイト『ホウドウキョク（現FNNプライムオンライン）』に記事を書き溜めていった。

それが「この記事を本にできませんか」という扶桑社の編集者からの打診で結実したのが、前著『小泉進次郎　日本の未来をつくる言葉』だった。

2018年の出版後6年がたったが、その間も節目節目で小泉氏を取材してきた。小泉氏は若くして環境大臣になり、日本の環境政策を一気に加速させた。そしてプライベートでは滝川クリステルさんと結婚して2児の父となった。一方でその一挙一動がさらに注目され、その発言がネット上では「進次郎構文」「ポエム」とバッシングを受けた。

２０２４年８月、いよいよ総裁選に立候補すると聞いた私は、２０１８年以降の取材メモや執筆した記事、インタビュー記録をもとに、前著の内容に加筆修正して、あらたに一冊の本にまとめることにした。この本は２００５年に小泉氏に出会ってから２０２４年まで、約20年間の小泉氏の政治活動の記録である。

なお、登場する人物や場所は、記録として残すためにすべて当時のままとした。

最後に、国民の間で小泉氏は「進次郎」と親しみを込めて呼ばれ、「進次郎」は小泉氏のアイコンとしてすでに定着している。なので本書では、それに倣って小泉氏を「進次郎」と表記した。未来の総理候補であり、２児の父親でもある小泉氏を「進次郎」と呼び捨てすることに抵抗感がないといったら嘘になるが、父・純一郎氏も総理でありながら「純ちゃん」と呼ばれていた。どうかご容赦いただきたい。

目次

第1章

決意

2004年〜 ニューヨーク留学

2004年、ニューヨークにて。若き日の進次郎と筆者（写真：筆者提供）

驚くべきスピードで上達した英語力

2018年4月のニューヨークは、もう春が訪れてもいい時季なのに、薄曇りで雪がちらついていた。

進次郎が通ったコロンビア大学が位置するのは、マンハッタンの北側「ハーレム」。かつてこの地域は治安が悪く、学生以外は白人がほとんど近寄らなかった。

しかし、ニューヨークの治安は劇的に改善され、今では学内で深夜まで勉強した女子学生が何事もなく歩いて帰れるようになった。キャンパス周辺をぶらついても、マンハッタン中心部ほど人は多くないが、危険を感じることはまったくない。

進次郎は大学卒業後の2004年に、コロンビア大学付属の英語学校に入った。学生時代から英語の勉強が好きで短期留学も3回経験していたのだが、入学当時の英語力は必ずしも高くなかったようだ。進次郎も自身のオフィシャルサイトで、「英語レベルの判定試験では、10段階で中の下である4から5だった」と述懐している。

ニューヨークに来たばかりの進次郎をよく知る関係者はこう振り返る。

写真上・コロンビア大学のキャンパス。下・進次郎が通った大学院

「彼は質素なアパートで一人住まいをしていました。本当にすごいなあと思ったのは、最初会ったときは、彼は全然英語をしゃべれなかったんです。その後、1年で10回くらい会ったと思うのですが、私と話すときは日本語ですけど、アメリカ人と話すときはもちろん英語で、『え？　いつの間にかうまくなっている』と。その上達の速さは、私が会った日本人の中で一番だったんじゃないかなと。1年間でこんなに英語がうまくなった日本人を見たことがないです。どういう勉強しているんだろう？　とすごく気になりました。学生時代は野球ばかりやっていたと言っていたので、こんなに真面目で勉強熱心なんだとびっくりしましたね」

進次郎は、1年間で英語レベルは10段階中の10となり、大学院に進むことになった。

「脳みそから汗が出るほど勉強し、食べるように本を読んだ」

進次郎は2005年9月、コロンビア大学院で国際政治学の修士課程をスタートした。英語学校に通っていた進次郎に、大学院を受けてみてはと勧めたのは、多くの日本の政治家との人脈を持つ政治学者ジェラルド・カーティス氏だった。

カーティス氏は当時、コロンビア大学で国際政治学の教鞭を執っていた。氏のもとには日本から政治を志す元官僚や二世政治家、そしてビジネスパーソンが訪れていた。

その門下生には、進次郎と同じ時期に学んだ自民党の辻清人議員のほか、加藤鮎子議員や中曽根康隆議員、国民民主党の古川元久議員ら錚々たる顔ぶれがいる。

カーティス氏に当時の進次郎の様子について伺ったところ、修士課程を終えるため、進次郎は寝る間も惜しんで勉強したという。進次郎自身、当時のことを「脳みそから汗が出るほど勉強し、食べるように本を読んだ」（日経新聞２０１７年5月12日夕刊より）と述懐している。

「進次郎は『脳みそから汗が出るほど勉強した』と言っていたね」

自分の教え子に関しては一切コメントしないというカーティス氏だが、お会いした際には、進次郎が新聞社の取材に語ったこの言葉を引き合いに出して、にっこりと微笑んだ。

コロンビア大学は、アメリカの大学の中でも比較的留学生が多く、まさに人種のるつぼ。ニューヨークという世界の経済や文化の中心都市で学びたいという学生が、世界中から集まるのだ。

そのメインキャンパスは、歴史的な建物と美しい芝生が広がり、行き交う学生は国際色豊か。2018年4月に訪れたときも、雪がぱらつくほど寒かったが、Tシャツ短パン姿の男子学生やきらびやかなファッションの女子学生が歩いていた。

一方、進次郎が通ったコロンビア大学大学院のキャンパスは、ブロードウェイを挟んだ場所に位置する。

大学とは違い、こちらのキャンパスは無味乾燥な建物が並んでいる。国際公共政策大学院（School of International and Public Affairs）、略してSIPA（シーパ）と呼ばれるビジネススクールの公共版やロースクールがあり、メインキャンパスに比べて年齢の高い学生が多いせいか、全体的に落ち着いた印象だ。

第一印象は、品があり良識のある学生

さらに当時の進次郎の猛勉強ぶりを語ってくれたのが、プロローグで「巨星が上がるのを見た証人」と紹介した米日財団理事長のジョージ・R・パッカード氏だ。

パッカード氏は、かつて駐日アメリカ大使の特別補佐官を務め、長年、米日財団の理事長として日米の友好親善に貢献している。コロンビア大学大学院では、1998年から10

年ほど客員教授として国際政治学の教鞭を執っていた。

パッカード氏は米日財団で理事長としての仕事を日中こなし、夕方からコロンビア大学大学院で授業を行っていた。日本人の妻を持つカーティス氏が1年のうち数か月、日本に滞在するため、その間、授業を代行していたのだ。パッカード氏は当時を振り返ってこう言う。

「私はカーティスさんに、よくジョークで『日本に君が行けるのは私のおかげだ』と言っていたんです」

8年ぶりに会ったパッカード氏は、80歳を超えた今も変わらず紳士的でチャーミングだった。

ジョージ・R・パッカード氏

進次郎がパッカード氏の授業を受けたのは、2006年1月から5月の春セメスター（学期）だ（※アメリカは春・秋の2学期制）。

進次郎に初めて会った際、パッカード氏は進次郎が小泉総理の息子であることを知っていた。

「もちろん、私は進次郎が小泉総理のご子息だとわかっていました。でも、そのことについて私は何も言わず、他の学生と同じように扱いました。最初に会ったときの進次郎の印象は、品があり、良識のある学生だな、というものです」

パッカード氏が授業で扱うテーマは「米日関係」。

テーブルを囲んだゼミ形式で、講義よりもディスカッションが中心。学生数は12～14人程度で、うち日本人は3～4人だったという。授業は週1回の90分だが、学生にとって決して楽な授業ではなかった。

「毎週2～3冊、分厚い本や記事を読んでくるよう宿題を与えました。毎週200～300ページ、大量ですね（笑）。何人かの学生は途中で投げ出していました。また、米日関係の諸課題に関する論文も提出するよう言いましたね」

この授業が学生にとってどれだけ大変なものなのか？

進次郎が卒業した2006年に入れ替わりでコロンビア大学大学院に入学した中曽根康隆議員に伺った。

中曽根議員の祖父は中曽根康弘元総理で、文部大臣や外務大臣を歴任した弘文氏を父に持つ、進次郎と同様、政界のサラブレッドだ。

「大学院は、MPA（Master of Public Affairs＝公共政策）とMIA（Master of International Affairs＝国際関係）の2つのコースに分かれていて、日本の省庁の人はMPAに、私のような民間人はMIAが多かったです。両コースとも、国際関係論やマクロ経済、アカウンティング＝会計学などが必修でした。

一日の流れは、朝から日中はずっと授業に出て、空いている時間は図書館にこもって勉強。夜はみんなで食事して、また翌朝図書館、という毎日です。授業のひとコマは90分。一日2コマから5コマありました。また、大学院ではロースクールやMBAの授業も受講

中曽根康隆議員

でき、単位ももらえました。

進次郎さんは1年プログラムで、2年で学ぶものを1年で詰め込むインテンシブ（＝集中的な）な感じだったと思います」

留学中に見せたリーダーの片鱗

さて、私はパッカード氏に進次郎はどんな学生だったのかを伺った。

「彼は本当に賢い学生でした。何人かの学生は、よく話すものの要点がはっきりしない。でも進次郎は多くを話さず、まずは慎重に人の話を聞き、手を挙げて話すときはいつも知的で、核心を突いていました。自分が発言すべきタイミングが来るのを待っているような学生でしたね。また、彼は英語がうまかったです」

さらに、プロローグで触れた焼き鳥屋での「出馬宣言」エピソードについて、あらためて語ってくれた。

「よく覚えていますよ。冬だったと思います。翌日あなた（筆者）にメールを送ったことも覚えています。『マンハッタンに巨星が上がった』。まさにそのとおりでしたね（笑）」

実はなぜこの食事中の「出馬宣言」を私が鮮明に覚えているのかというと、もちろん去就が注目されていた総理の息子が、初めて出馬を口にした瞬間だったということもある。しかし、それ以上にこの記憶が頭から離れなかったのは、その日、私はデジカメやＩＣレコーダーを持ち合わせてなく、決定的な瞬間の映像・音声を収録できなかったことを後々まで悔やんだからだ。

では恩師の目から見て、進次郎は今でも「巨星」なのか？

「ええ、もちろん。彼はそれ（総理になる）だけの資質があると思います。彼にはお父さんの後を追って、総理になろうという強い気持ちがあると思います。これはもちろん彼がそう発言したわけではなく、私の個人的な考えですが」

さらにパッカード氏はこう続けた。

「進次郎は当時からリーダーシップがありました。他の学生に対して常に敬意を払っていましたし、話すことだけでなく優秀な聞き手でもありました。これはリーダーとしてとても重要なことだと思います」

パッカード氏は、１９３２年生まれ。インタビューの終わりに、彼はこう言った。

「私はもう80歳を超えました。進次郎が総理になるのを見られるかわかりませんが、ぜひ見たいですね」

「静かにしていることは評価されることではない」

進次郎は『ライフ・シフト　100年時代の人生戦略』（東洋経済新報社）の著者、リンダ・グラットン氏との対談の中で、こう語っている。

「僕は3年間、アメリカで生活しました。大変だったのは、静かにしていることは、評価されることではないということです」

「大事なのは、英語がうまいかどうかではなく、自分が何を考えているのかを伝えきる努力をすることでした。そして、手を挙げること。私はここにいるという証明をすることです」（『東洋経済オンライン』２０１８年1月1日より）

こうした言葉を裏づけてくれたのが、進次郎と授業をともにした、霞が関のキャリア官僚Aさんだ。

Aさんは２００５年9月から2年間、コロンビア大学大学院に留学し、進次郎とは前述のパッカード氏の授業と東アジア研究の授業で同じ教室にいた。同期には前出の辻清人氏らもいた。パッカード氏の授業が少人数のゼミだったのに比べ、中国や台湾など東アジア研究の授業は70～80人の大教室で行われていたという。

Aさんは進次郎の授業中の様子についてこう答えた。

「授業はもちろんすべて英語ですが、進次郎さんは英語が抜群にうまかったです。今日こうして（筆者に）お会いしたのも、このことをお伝えしたかったからです。コロンビア大学大学院は日本人留学生が多く、なかでも役所のお金で来ている人が多いので、どうしても日本人同士で固まって、英語があまり上達しません。ですが、進次郎さんはそういう集団とは一線を画していました」

日本人学生グループと距離を置く一方で、進次郎は外国人留学生とはよく話をしていたという。

「とにかく、進次郎さんは外国人とよく話をしていました。授業は大教室で行われていましたが、なかなか日本人は手を挙げて発言しようとしません。英語がちゃんと伝わるか不安ですし。しかし、進次郎さんは大教室でも積極的に手を挙げ、堂々と英語で質問していました。よく質問しましたし、その内容もポイントを突いていたという印象です」

英語については、留学経験豊富な前出の中曽根氏も、コロンビア大学大学院では相当苦労したようだ。

「読み書き中心で、暗記するというよりは自分の考えを話して伝える授業が多かったので、これは正しい文法かなあ、などと気にしていたら議論が終わってしまいます。ブロークン・イングリッシュでいいからとにかく発言すると。そうした反省を踏まえて、発言する機会を増やしていきました」

進次郎は永田町や霞が関には珍しい関東学院大学の卒業だ。

学歴だけを見て、「コロンビア大学大学院に入ったのは親のコネじゃないか」と嫉妬交じりの声もある。しかし、こうした声についてAさんは一笑に付した。

「まったくそんなことはないです。むしろ東大出身で他の省庁から来ている留学生よりも、よほど英語がうまいし、よほどしっかりしたことを話しているし、よほど社交的でした。ディスカッションで、日本人の中で誰よりも発言していたのは進次郎さんです。自分が東大を出ていて言うのもなんですけど、進次郎さんを見ていたら学歴とか関係ないなあと思いました。そもそもニューヨークにいたら日本のどこの大学出身とか、関係ないですから」

「ニューヨークを思い出すと今でも胸が苦しくなる」

また、生活費の高いニューヨークでは、他の留学生と同様に進次郎も質素な生活を送っていたとAさんは言う。

「小泉家の方針もあるのではないでしょうか。パッカード先生の授業のときは、辻（清人）さんと私、進次郎さんと韓国系アメリカ人の4人で晩ご飯に行きました。中国人がやっている日本食のレストランや韓国料理店とかで定食を食べる、そんな感じでしたね」

最後に、留学時代から考えて、総理の椅子に近いと言われる進次郎をどう思うか聞いた。

「こんなに早く総理候補と言われるようになるとは思わなかったですけど、驚きはしません。確実に当時のコロンビアの留学生の中で一番優秀でした。外国人相手でもいつも物怖じすることなく堂々としたパフォーマンスを見せていたのは進次郎さんです」

日本人学生の中には、総理の息子ということで近づいてくる学生もいたという。しかし、進次郎はそうした学生とは積極的に交わることもなく、寝る時間を惜しんで猛勉強していた。当時の進次郎の平均睡眠時間は3時間だったそうだ。

その中で、進次郎は留学時代のエピソードとして、こんなことを言っている。

「限界に挑んでいるような日々で、常に全力のスピードで走っていた感じだったが、最大限自分を成長させられた機会でもあった。本当に大変だったので、ニューヨークを思い出すと今でもなんだか胸が苦しくなる。自分でも自信をもって、あのときは本当に頑張ったなと言える」

そして、進次郎は２００６年5月にコロンビア大学院政治学部修士号を取得後、米国の首都ワシントンD.C.に向かう。外交・安全保障のシンクタンクで働き、国際政治と外交の舞台裏を知るためだ。

第2章

覚醒

2006年～ ワシントンでの〝外交〟デビュー

CSISでインターンをしていた当時の辻清人氏と進次郎（写真提供：辻議員）

「住むならワシントンD.C.のほうが自分には合っている」

２００６年、コロンビア大学院で修士課程を終えると、進次郎はシンクタンクで働きたいと考え、首都ワシントンD.C.に居を移した。

就職先は、民間シンクタンクのCSIS＝戦略国際問題研究所（Center for Strategic and International Studies）。１９６２年に設立され、主に外交・安全保障の政策提言を行い、顧問には元国務長官のヘンリー・キッシンジャー氏も名前を連ねていた。

私は進次郎の足跡を追って、２０１８年４月、桜の咲くワシントンD.C.を訪れた。高層ビルが次々と建設されるニューヨークとは違い、８年ぶりのワシントンD.C.はほとんど変わらぬままだ。

喧噪のニューヨークからワシントンD.C.に来ると、空が広く見えてホッとする。進次郎も同じことを感じていたようで、「ワシントンD.C.は高い建物が少なく、空が広くて開放感があり、のんびりした雰囲気だった。住むならニューヨークよりもワシントンD.C.のほうが自分には合っている」と、オフィシャルサイトで述懐している。

写真上・マイケル・グリーン氏。下・CSISでインターンをしていた当時の進次郎。抱いているのはグリーン氏のご子息

当時の様子を聞くため、私はＣＳＩＳで進次郎の上司だったマイケル・グリーン氏を訪ねた。グリーン氏は、ジョージ・Ｗ・ブッシュ政権で、アジアの安全保障関連のアドバイザーを務め、リチャード・アーミテージ元国務副長官らとともに、米国の代表的な「知日派」として知られている。

グリーン氏は進次郎との出会いを、こう振り返る。

「当時、ジェラルド・カーティス先生から『進次郎をインターンかスタッフで受け入れてくれないか』という依頼があったと上司から聞きました。私は『もちろんいいですよ』と答えました。そのときはまだ進次郎に会ったことはありませんでしたが、小泉総理には何度も会ったことがありましたので」

グリーン氏によると、進次郎の第一印象はそれほど芳しいものではなかった。

「初めて進次郎がやってきて自己紹介したとき、彼はスーツ姿でテニスシューズを履いているような、本当にごく普通の学生という感じでした。正直言って、彼がどの程度能力があるのかわかりませんでした。英語は上手だったのですが、ちょっとラフな学生言葉でしたしね。進次郎はコロンビア大学院で一生懸命勉強していたようですが、話し相手はいつも学生で、アメリカのビジネスマンと話す機会があまりなかったからでしょう。ですから最初に会ったときは、大丈夫かなあと思いました」

進次郎の〝外交〟デビュー

　しかし、グリーン氏の心配は杞憂に終わった。それからわずか数週間で、進次郎の英語力や着こなしはすっかり洗練されたという。その理由は、当時CSISの重要案件であった、日本とインドによる戦略的グローバル・パートナーシップ締結に向けた日米印の対話に携わったためだ。

　当時、中国が経済的、軍事的に台頭するなかで、日本とインドには「太平洋とインド洋の安定」という共通の利益があった。そこでアメリカが仲介役となり、日本とインドの新しいパートナーシップについて対話することが検討された。

　しかし、この対話は「核の平和利用」も含まれることから、インドの核保有に対してアレルギーがある日本にとっては政治的にセンシティブなものだった。

　日本では小泉総理が前向きであったものの、まだ対話に臨むかどうかを決めかねており、インドでもシン首相は了承していたが、インド国内では反対の声が大きかったという。

そこで、この3か国による対話は各国政府間の公式なものではなく、民間の非公式な会合として行われた。

当時、アメリカ政府でアジアの安全保障を担当していたのがグリーン氏だったため、CSISが事務局を担うことになったのだ。

こうした政治・外交的にきわめてデリケートなプロジェクトを、進次郎がメインスタッフとして担当することになった。

その理由をグリーン氏はこう言う。

「この対話はとてもセンシティブなものでしたが、私はこのプロジェクトは進次郎をメインスタッフに据えて担当させると決めました。なぜなら、たとえ進次郎がまだ十分に経験を積んでいないにしても、最初に会ったときから1か月の間に進次郎は驚くべきスピードでプロとして成長していきましたから。実際、進次郎が持つ政治的スキルは抜群でした」

CSISは月に1回以上会合を開き、そこで進次郎は巧みな外交力を発揮したという。

「その会合に参加したインドのメンバーは、『彼はチャーミングで興味深い』と進次郎をとても気に入りました。インド国民はガンジー一族のような政治的な門閥が大好きで、日本の総理の息子である進次郎にとても魅力を感じたのだと思います。当時、進次郎はまだ政治家になるとは明言していませんでしたが、インドのメンバーは将来、彼が政治家として活躍する『期待の星』だと思ったのでしょう」

その後、進次郎はインドへ招待された。

「ツアーを主催したのは、インドの経団連と言われるCII（＝インド工業連盟）でした。ツアーといっても参加者は進次郎ただ一人。VIP待遇ですね。私は招待を受けたことがないので、たぶんインドは私を好きじゃないんでしょう（笑）。そのツアーの中で、進次郎はインドの政治家や学者、ジャーナリストなど多くの人とミーティングを行い、インド側はとてもポジティブで好意的な印象をもったそうです」

このインドとのプロジェクトは、進次郎にとっても印象深かったようだ。

進次郎はオフィシャルサイトに、印象に残っている仕事として「日本・アメリカ・インドの三国間の関係に関するプロジェクト。インド出張では、ムンバイ、バンガロール、ニューデリーを一週間で回った」と記している。

そして、「インドでは、空港についた瞬間から、街の喧騒や、鳴り止まない車のクラクション等、言葉にはしがたいエネルギーを感じ、これが発展に向けてまっしぐらに進んでいる国か、と圧倒された」と述懐している。

「政治都市で学んだことは大きく、今も生きている」

進次郎はグリーン氏からもう一つ大きな仕事を任された。

CSISでは毎年、日本の政治家と安全保障や経済に関する勉強会をワシントンD.C.か東京で行う。当時の日本側の参加者は麻生太郎氏、長島昭久氏、武見敬三氏、中谷元氏ら十数人だったという。CSIS側は、リチャード・アーミテージ元国務副長官やカート・キャンベル氏（クリントン政権でアジア・太平洋担当国防副次官補）。こうした面々が集い数日にわたり徹底的に勉強するのだが、進次郎はこの勉強会の担当スタッフに指名されたのだ。グリーン氏は振り返る。

「私が覚えているのは、麻生太郎氏がワシントンに来たときです。麻生氏はそこで初めて進次郎に会いました。その後、麻生氏は『進次郎君って、お父さんみたいだけど、普通の人だな』と。進次郎は小泉総理のような魅力や政治的な能力をもっているが普通の人である、つまりお父さんのような〝変人〟じゃないということなんですね（笑）」

また、グリーン氏はこんなエピソードを披露してくれた。

「進次郎がワシントンに来たときは、まだ友達がいませんでした。ワシントンは初めてでしたからね。そこで当時の加藤良三駐米大使が、私とアーミテージに電話してきて、『進次郎はワシントンは初めてで友達がいないんだ。彼を何か楽しいこと、たとえばボウリングか映画にでも連れていってくれないか』と。私はその電話を受けながら、進次郎のほうを見ると、彼のデスクの周りに3人の女性が集まっている。彼女たちは他の部署だったのですが、わざわざ進次郎をディナーに誘いにきていたんですね。『進次郎、今晩空いてます？　ディナーに行きませんか？』と。それを見ながら私は加藤大使に、『私やアーミテージがボウリングに連れていく必要はないと思いますよ』と答えました（笑）。彼はチャーミングで仕事もできると、女性に限らずオフィス中で人気者でした」

そして2006年9月、グリーン氏は進次郎が帰国することを小泉総理から突然告げられた。

「小泉総理は引退する最後の週に私を呼んで、赤坂の料亭で食事をしました。小泉総理が言うには、『恐縮なんですけど進次郎を返してもらいます』と。私はとても驚きました。小泉総理だって日本の総理大臣が私にお願いするんですよ。『息子を返してほしい』と。小泉総理は『進次郎はCSISで多くの政治や国際関係、そして日米関係も学んだ。だが進次郎は日本の政治を知らない。だから進次郎には永田町ではなく、最初は横須賀の事務所で、1～2年は地元回りの仕事をさせたい』と」

1年のワシントンD.C.での生活を経た2007年、次のステージに進むため進次郎は帰国した。2004年にニューヨークのコロンビア大学付属の英語学校に入って以来、アメリカでの暮らしは3年になっていた。

進次郎は当時の気持ちを述懐する。

「もちろん3年で世界はわからないけれど、自分の中で戻るタイミングだと感じた。アメリカで学んだことを持ち帰って、そろそろ走りだすときだ、と」

この間に得た経験や人脈は、進次郎に多くの影響をもたらした。

「アメリカの首都ワシントンD.C.という政治都市で、シンクタンクという業界にいたことから学んだことは大きく、今でも生きている」

「仕事を通じて、世界の中での日本を意識する視点が身についた。日本で関心を持たれていることと、世界で関心を持たれていることは一致しない。常にその視点を失わないように気をつけている」（すべてオフィシャルサイトより）

グリーン氏は進次郎との交流を今も続けているという。

「先日も会いましたが、彼は髪型を変えましたね（笑）。今、世論調査では次の総理候補に石破氏と進次郎の名前が挙がりますが、彼は人気やメディアからの注目にとても注意深い。39歳で大統領に就任したフランスのエマニュエル・マクロンのようにチャンスを生かせと言われていますが、進次郎はステップ・バイ・ステップで、じっくり時間をかけてのぼり詰めるだろうと私は思います。閣僚に選ばれるのであれば、官房長官はちょっと早いですが、外務大臣でしたら、彼ならすぐにでもできるでしょうね（笑）」

進次郎の外交力を間近で見てきたグリーン氏ならではの予言だろう。

「議員同士のなれ合いはしない。国会では友人はできない」

コロンビア大学院で学友だった辻清人衆議院議員（東京2区）も、進次郎と同じ時期にCSISでインターンをしていた。

「学生時代は、総理の息子だからということで進次郎に言い寄ってくる学生もいたので、普通に接しにくく、当初は進次郎と距離を置いていました。カーティス先生の授業で初めて一緒になったと思います。自分はリクルートを辞めてコロンビア大学院に留学後、政治家になるための専門的な知識、特に外交安全保障にかかわる知識を得たいと強く思い、CSISのインターンに応募しました」

辻清人氏は1979年生まれで、進次郎とはほぼ同年代。東京で生まれたのち、カナダに移住し17歳まで過ごした。海外経験豊富で、日英仏独と4か国語を操る新世代の政治家だ。

「当時、進次郎は（若者に人気のあった）デュポンサークルに、私はアーリントン近くに住んでいました。進次郎は父子家庭、自分は母子家庭で育ったので気が合いましたね。彼は〝寂しさ〟を知っていたので、人の気持ちがわかると思います。父親が総裁選に何回もチャレンジする姿を見てきて、嫉妬の怖さも知っていました」

ワシントンD.C.ではよくビリヤードに興じたり、分厚いステーキをほおばったりして

辻清人議員

遊んだという。

「政治の話もずいぶんしました。『我々の世代で日本を支えていかないと』と話していました。進次郎は『外交はよろしくね』と冗談で言ってましたね」

若き日の進次郎は、さまざまな話をした。

「『メディアは嫌い。火のないところに煙を立てる』と言っていました。また、『官僚も嫌い』だと。お父さんが郵政大臣の時代に、（郵政民営化をよく思っていなかった）官僚が国会で白紙の答弁書を渡したことがあったそうで、そういうことが根底にあったのでしょう」

辻氏によると、進次郎はこんなことも言っていたという。

「『議員同士のなれ合いはしない。国会では友人はできない』と言っていました。『国会は友達をつくる場所じゃない』とも」

父・純一郎氏は、かつてYKKと呼ばれた故・加藤紘一氏、山﨑拓氏との関係を「友情と打算の二重奏」と表現した。

進次郎のこの言葉も、権力闘争を生き抜いてきた父の姿を、若くして見てきたからこそ生まれたのだろうか。

先のリンダ・グラットン氏との対談の中で、進次郎は当時をこう振り返っている。

「海外留学をして、真の多様性とは何かということも理解しました。僕はよく若者たちに『自分が外国人になる経験をしよう』と話しています。自分が外国人になる。つまり自分がマイノリティになるということです。すると、今まで当たり前だと思っていたことが、当たり前ではなくなり、日本の常識や価値観はワンオブゼムだと理解するようになる。語学を学ぶ以上に圧倒的に大事なことです」

のちに日本の政治と社会の改革を目指す進次郎の第一歩は、アメリカで始まったのだ。

コラム　メディアと進次郎

「メディア自体が権力だということを自覚していない人が多い」

ワシントンD.C.で進次郎が発した「メディアは嫌い」という言葉。

しかし、進次郎というスターを生み出したのはメディアであり、善きにつけあしきにつけ、進次郎とメディアは切っても切れない関係だ。では、進次郎は今、メディアをどう見ているのか？

2018年1月3日。

横須賀市の少年サッカーチームの初蹴りに参加した進次郎は、地元でお正月を迎えたせいか記者の囲み取材にも、いつになくリラックスしたムードだった。ふだん進次郎の行く先には大勢の記者が詰めかけるのだが、この日は三が日ということもあってフジテレビを含め数人のこぢんまりとした取材になった。

取材は秋に予定される総裁選から、年末年始の過ごし方、今年の抱負など、お正月らしい質問が続き、進次郎は「今年は自分の時間の使い方を、変えないといけない。脱皮をしないと」などと話していた。

そして、塩野七生さんの著作を読んだことに話が及ぶと、進次郎は「最近、新聞を読まなくなった」と語り始めた。

「最近は新聞を前ほど読まなくなったんですね、正直言って。どこどこ新聞だから読むということはもうないですね。署名記事でこの人だったらお金を出してでも読みたい、そういうのはありますけど。塩野さんの本は３０００円なんですよ。読み終わった後に、もっと払いたいと思いましたね」

そう語りながら、進次郎は持論である新聞への消費税の軽減税率適用反対をあらためて力説した。

「これが本当の価値ある活字文化だと思いましたよ。軽減税率なんて関係ないね。消費税上がったって読む人は読みますよ」

初蹴りイベントで出された豚汁を食べ始めると、体が温まったのか、さらに舌鋒鋭くテレビや新聞に対する日頃の思いを語り始めた。政治家がメディアを相手にメディアについて言及するのは、ふだんはあまり見られない光景だ。

「よく思うけど、マスコミの世界も忖度がすごいよね、本当にね。なんでそういうことは言わないのかね。すごくしがらみが多いじゃない。それを言わないで、政治の世界の忖度だけ悪く言うのって、視聴者ってそれを見透かしているからね。だから最近、既存のメディアが崩れかかってきているのは、そういうところもあるんじゃないかな」

「絶対、（新聞の軽減税率適用反対発言は）生放送の中で報じてくれないよ。メディアが忖度しているから。メディアがメディアを忖度しているから。こういう収録現場で言ってもね、まず流さないよね。現場の皆さんが報じたいと思っても、上は流さない」

進次郎は、自身を巡るメディアの狂騒とは距離を置いている。

メディアに対して、冷めているのだ。

それは初選挙のときに世襲批判で大バッシングを受け、その後、手のひら返しをされた実体験があるからだ。

「あのとき（2009年の衆議院選挙）、世襲批判でクソミソですよ。いいときに祭り上げられる映像は、将来叩き落とされるために使われるんです。それを痛感したのが、10年ぐらい前でした。だから一喜一憂しなくなりますよ。良く報じてもらえるときは、叩きつぶされるスタートだなと思います」

「メディアに関わる人たちは、メディア自体が権力だということを自覚していない人が多いんじゃないかなと思います。よくメディアの仕事は権力に対する監視とチェックだと言うけど、じゃあ、そのメディアは権力じゃないんですか。メディアってすごい権力ですよ。つぶせますよ、人を。誤解を恐れずに言わせてもらえば、人を殺せますよ、メディアは。社会的に、政治的に。そのことを、自覚していないのか、自覚をしていないふりをしているほうが都合いいからそうしているのか。どちらかは皆さんしかわからないですけど、メディアっていうのは恐ろしい生き物ですよ、本当に。一度、空気がつくられたら、嵐が過ぎ去るのを待つしかないぐらいね、あの空気のつくり方はすごい。怖いですよ。その恐れがないとね、生きていけない、政治では。だって、できますもん、『コイツをつぶそう』って、つぶせますから」

「人気もつくれますし、メディアが。だからそういった意味でね、ある意味すごく冷めていますよ。あれだけ世襲批判で叩かれた後に、週刊誌の特集が『世襲こそは革新を呼ぶ』。そういう特集やられたときはね、まあ、椅子から転げ落ちそうになりましたよ。今ではいいネタをもらったなと思ってます（笑）」

「基本的に僕はすべてオンだと思っている」

前述のように、進次郎は最近、テレビを観たり新聞も読んだりしなくなったという。

「（テレビは）本当に観なくなった。お兄（孝太郎氏）とムロ（ツヨシ）さん（※俳優。小泉家と家族ぐるみの付き合い）の出ているのは観るかな（笑）。人によって『観る、観ない』を決めていますね。実はね、新聞10紙を読むのもやめたんですよ。時間の使い方を変えようと思って。読み終わった後に、残っているものがあまりにも少ないということに気づきましたね。だったら、塩野（七生）さんの本を読んだほうが、時間の使い方としてよっぽど学びがある。本当に考えているんです。何のために時間を使うべきか使わざるべきか。何をやるべきかやらざるべきか。運動は健康のためにやるべきですね（笑）」

さらに記者の取材手法についても、進次郎は冷静に見ている。

「もともとシナリオができていて、そこに合ったコメントだけを拾いたくて。質問する方々も、『テストの穴埋め問題』みたいに、もう既にできあがっていて、その穴埋めに入るコメントだけが欲しいと。そういう聞かれ方って、わかるじゃないですか。そういうのだと、なかなか伝わらないものってありますね」

「予想しない角度からの質問が、あまりないですよね。たぶん、皆さんもわかっているんだろうけど、恒例行事だから聞くか、ぐらい。さっきの自民党総裁選についての質問もそうでしょう。恒例行事だから、まあ。それをお互いわかっている、腹芸をやっている。正直言って、そういう感覚にも冷めている部分というのはありますよ」

　進次郎は2018年3月25日に行われた自民党大会でも、記者の取材方法に言及している。

「基本的に僕は全部オンだと思っているんですからね。最近は怖いですよ。（記者が）こうやって『ありがとうございました』と言ってエレベーターの中まで来て、その中でも（レコーダー）回っていたりするからね。しかもそれがメモで出回るしね。さらに大手メディアから週刊誌に回ったりするからね。もうオフレコなんてないと思わなきゃ。じゃないとこの世界は生きられない、と思って話しているだけなんで、あまりオン・オフという感じじゃないです。大変な世界だね」

「オン（レコ）」というのは政治家や記者がよく使う言葉で、オン・ザ・レコードの略だ。記者会見などで、記録・報道されることを前提に話すことをオン、記録や公表しないことを前提に話すのは「オフレコ」という。記者はオフレコと約束して取材している際も、自身の備忘録のためにメモを取ったりレコーダーを回したりするケースがある。さらにその音声データや記録メモが外部に漏れることもある。

進次郎のこうした姿勢は、メディアの特性を熟知していた父・純一郎氏の姿を思い起こさせる。純一郎氏は、「小泉純一郎にオフレコなし」を当選1回のときから貫いたと言われている。つまり、「話したことは何でも書いていい、書かれたくないことは話さない」というスタンスだ。その後、総理になった純一郎氏は、当時では画期的だったメールマガジン「らいおんはーと」や一日2回のぶら下がり取材などで、継続的に国民に向けて「オン」で情報発信した。

進次郎は、父・純一郎氏と同じ「オフレコなし」のスタンスで、メディアと渡り合っているのだ。

進次郎は2018年4月11日に行われた新経済連盟（※主にIT企業などが参加する経済団体）が主催するイベントで、総理の番記者のあり方についても持論を披露した。

「新入社員を総理の番記者にするのをやめたほうがいい。世界のどこで新人がその国の最高権力者の番記者をやりますか。アメリカの大統領のプレスコンファレンス（記者会見）で質問する人は限られているんです。あの重鎮の（記者の）方が手を挙げたということに、政治家側も敬意を持ちながら、『さあ、どんなことを突かれるか』と。そういう健全な緊張感のある関係があるべき姿だと思います。

僕ら政治家だって総理に話を聞く機会は限られます。記者は権力者に一番近い。なのに、質問するチャンスがあっても、聞く内容はデスクとかから、『これを聞いてこい』と言われていることを聞く。これだったら意味ないじゃないですか。

だから私は報道機関の方と会うたびに、『一番変えてもらいたいのは、総理の番記者を経験のある政治の知識を持っている方にやってもらえないですか』と言います。しかし（報道機関の方は）、『いやあ、総理についていくのは大変だからね』

と言ったんですよ。総理、何歳ですか？　60歳超えているんですよ。こう考えたときに今の（番記者の）あり方というのは、もう一回考え直すことが必要だと思いますね。圧倒的に大事なことです」

至極、正論である。

進次郎は今、政治だけでなく、メディアのあり方にも一石を投じている。

第3章

挑戦

2009年〜 大逆風の初選挙

2009年、当選を果たしインタビューに応じる

「この逆風、最後まで吹き荒れています」

２００７年夏、東京。

ニューヨークに特派員として駐在していた私は、一時帰国した際に父・純一郎氏の秘書をしていた進次郎におよそ1年ぶりに会った。

久しぶりに会った進次郎は、スーツ姿がさまになり、すっかり永田町の人になっていた。お茶を飲みながら互いの近況報告をし、「選挙、頑張って」と別れたが、そのときに見せた表情に少し影があるように感じた。当時、長く続いた自民党政権への風当たりが強まっており、進次郎も選挙区を回りながら肌で感じていたのかもしれない。

そして、２００９年8月に行われた第45回衆議院選挙。

政権交代を望む逆風が自民党に吹き荒れるなか、進次郎は初めての選挙に臨んだ。選挙区は、進次郎が生まれ育ち、父・純一郎氏から譲り受けた神奈川11区（横須賀市・三浦市）。当時は自民党的なあらゆるものが、政界のあしき慣行として批判や嫌悪の対象となった。そのひとつが「世襲」であり、世襲批判は進次郎にも向けられた。

一方、選挙区で対立した候補者は当時飛ぶ鳥を落とす勢いの民主党に所属し、テレビのバラエティ番組で人気の若手弁護士だった。

メディアは2人を「世襲」vs「改革者」の構図でこぞって取り上げ、神奈川11区は全国の注目選挙区となった。さらに選挙期間中、対立候補が進次郎に握手を求めて無視されたと伝わると、進次郎はさらなるバッシングを浴びることになった。

8月12日、横須賀で行われた集会に、フジテレビのカメラが入った。

当時、進次郎陣営が集会を公開するのは異例だったので、取材クルーは「陣営の焦りではないか」と考えた。

進次郎は支持者に向かって「今回の戦いはテレビや新聞で報じられている以上の厳しい逆風だと思っています。あるお祭りでは、『小泉なんて横須賀から追い出してやる』と言ってくる方もいました」と述べた。

進次郎は、国民的人気があった父・純一郎氏、俳優として活躍していた兄・孝太郎氏の応援も断っていた。

純一郎氏は、「進次郎に『親父ね、一度も応援に来なくていい』と言われちゃったんですよ」と語っていた。

集会後のインタビューで、進次郎は「これはペース配分のないマラソンです。最初から42・１９５キロをスパートしっぱなし、ゴールは人生初の万歳です」と語った。

しかし逆風は、そのときの進次郎の想像を、はるかに超えたものだった。

これは、進次郎が投票日の前夜、横須賀中央駅前で行った街頭演説の言葉である。そこにあるのは、有権者に必死に投票をお願いする、一人の若き候補者の姿だ。

「お集まりいただきまして、やっぱり地元は最高です。今回の戦い、残すところあと2時間となりました。ここにくるまでに、私がここで何度街頭演説をやらせていただいたか。そのたびに足を止めてくれる地元の皆さん、次々に増えていきました。そして今日がこれです。

最後にこんなに多くの地元の皆さんに足を止めていただいて、耳を傾け、目を向け、想いを感じようと。あらためて感謝申し上げます。私がこの横須賀・三浦、地元で育ってきた28年間、私をここまで育ててくれたのは皆さんでした。

私を国政の場に届けてください。そして国政の場でもう一度育ててください。

私は今この逆風の中の戦いを、あと2時間で終えようとしています。この逆風、最後の最後まで吹き荒れています。この逆風を乗り越えるために何を必要としているか、私のために応援弁士を呼ぶことではありません。私が頼りにしているのは地元のご支援、熱いご声援なのです。地元の皆さんとともに戦い、手を取り合って、逆風を乗り越えるために戦ってきた、ひとつの成果だと思っています。

未来に対する責任、地元への熱い想いを、真摯に耳を傾け、聴いてくださって本当にありがとうございました」

「ペットボトルを投げつけられた」

そして進次郎は、これまでの選挙戦をこう振り返った。

今では信じられないことだが、この選挙戦のさなか、進次郎は有権者から「うるさい」と罵倒され、足を踏まれ、ペットボトルを投げつけられたこともあったという。

「最後の日を迎えるまで、決していいことだけではありませんでした。最初のほう、私が街頭演説を始めても、こんなに多くの方が足を止めてくださらなかった。そして『うるさい』と叫ばれ、足を踏まれ、中にはペットボトルを投げつけられるようなこともありました。そういうなかでも、支え続けてくれたのが、地元の皆さんでした。

私は横須賀・三浦に生まれ育って28年、地元で立候補して、想いを打ち明けることができました。これは誇り以外の何物でもないんです」

「今回の総選挙、当選できるのはたった一人。

皆さんの代表になるんです。皆さんの想いを国に届ける役割を負うんです。私は地元への強い想い、強い愛着を持っています。私は横須賀・三浦の代表になりたい。皆さんの声を聞き、耳を傾け、どんな横須賀・三浦の発展を望むのか、どんな国づくりをしていきたいのか、その想いを国に届ける役割を、小泉進次郎に与えてください。

チャンスを与えるのは、皆さんしかいないんです。逆風を乗り越えるために、皆さんのお力を借りなくてはいけません。育てていただいた感謝。そしてもう一つお願いをさせていただきたいんです。

皆さんの大切な一票、私に預けてください。

預けていただいた一票は、決して無駄にはしません。子どもから大人まで誰もが『横須賀・三浦に生まれてよかった』『日本に生まれてよかった』、そう思える未来をつくるための第一歩。横須賀に生まれ育った、小泉進次郎にどうかチャンスを与えてください」

ひたすら「一票をください」と連呼する進次郎。

そこには、元総理の父から、地盤・看板・カバンを引き継いだ政界のプリンスの姿はない。この選挙戦を進次郎は、「高校野球をやっていたとき以来の汗まみれの毎日」と表現した。今のスマートで、ユーモアを交えた演説で聴衆を魅了する姿からは、想像すらできない。

「最後の日まで私にとっては熱い夏でした。汗まみれの毎日、高校野球をやっていたとき以来の汗まみれの毎日でした。しかし、それよりも熱かったのは、地元の皆さんのご支援とご声援でした。本当にありがとうございました。

この逆風を、小泉進次郎に対する逆風を乗り越えさせようと動いてくれた地元の皆さん、心が燃えました。皆さんの想いに感激し、感動しました。私はこの皆さんからいただいた熱いご支援、熱いお気持ち、一生忘れることはありません。

明日は投票日です。

この街を想う私の気持ちが一人でも多くの皆さんに届くように、その想いでこの戦いをやってきました。皆さんのお気持ち、胸の奥に、横須賀・三浦の発展を願う小泉進次郎の想いを、ここまで訴えることができました。皆さんの温かいご支援に感謝します。

8時まで走り回ってきます。一生懸命頑張ります。
最後に皆さんとともに一緒になってこの街をつくる。この日本の未来をつくるという目標に向かってこれを目指す。残り2時間、力いっぱい戦ってまいります。
皆さんの想いを無駄にしません。本当にありがとうございました」（一部略）

「兄と父を応援に呼ばないことに、迷いも葛藤もなかった」

進次郎の初選挙を現場で取材したフジテレビの記者は、当時の進次郎を「演説もうまくなかったし、本当に大丈夫かと思った」と振り返る。確かに、ここには政界一演説がうまいと言われる進次郎の姿はない。しかし、国政への熱い想い、生まれ育った地元に対する感謝という、進次郎の政治の原点が、そこにある。

結果、この選挙で進次郎は6割近い得票率で当選したが、民主党の対立候補に比例復活を許した。神奈川11区は、1996年の小選挙区導入以来、父・純一郎氏が4回にわたって圧勝し、対立候補に比例復活を許してこなかった。

しかし、この選挙で初当選した自民党の新人候補は全国でたった4人。自民党候補者にとって、いかに苦しい戦いだったかがわかるだろう（当選後、進次郎を含む「同期」4人、北海道の伊東良孝氏、富山県の橘慶一郎氏、千葉県の齋藤健氏は、「四志（しし）の会」を立ち上げた）。

当選の知らせを聞いた進次郎は、早速各テレビ局への出演に「引っ張りだこ」となった。フジテレビの中継では、「逆風を感じたか」「父と兄に応援を頼まなかったのはどうしてか」という質問が次々とスタジオから投げかけられた。

進次郎は真っ黒に日焼けしていたが、頬はこけ、選挙戦がいかに厳しかったかをうかがわせた。進次郎はこう答えた。

「世襲批判、そして自民党に対する逆風、これを乗り越えることができたのは地元の皆さんの力です。地元力です。この逆風は目に見えるかたちだけでなく、目に見えないかたちでも、ずいぶん感じることがありましたね」

「兄と父を応援に呼ばないのは、迷いも葛藤もありませんでした。今回の戦い、逆風を乗り越えるとしたら地元の皆さんとともに戦わないと乗り越えられない、そう思っていましたので。応援弁士はいなくても地元の皆さんがいましたから」

この選挙で進次郎は重複立候補（※一人の候補者が小選挙区と比例代表の両方に立候補できる制度）を辞退し、公明党からの選挙協力も断っている。退路を断ち、自らを崖っぷちに追い込んだのである。自民党への逆風が吹き荒れるなか、こんなことのできる新人候補者はまずいない。

自分への甘えは一切許さない姿勢の表れ、というにはすさまじすぎる。

郵政選挙に打って出た父・純一郎氏から受け継いだ、勝負師の勘がそうさせたのか。

これについて進次郎は、フジテレビの中継でこう答えている。

「もし小選挙区で落選した場合、（比例復活で）私を支えてくれる皆さんに堂々と当選しましたと言えるのか、私はそれを自分に問いました。（重複立候補では）立てないと思いました。小選挙区で勝つことが私の目標です」

進次郎はこれ以降の選挙では、およそ8割の得票率で圧勝を続けている。一部の自民党候補者のように、公明党の顔色をうかがう必要はない。

石破茂元幹事長は、「日本を背負って立つ」ための条件として、「何よりも選挙に強い」ことを挙げ、進次郎にはこれが備わっていると述べている（後出の石破氏インタビューを参照）。

進次郎の選挙区は今、「鉄板」と言われている。

父・純一郎氏から譲り受け、地元の支持基盤をさらに強固なものにしたのは、ほかならぬ進次郎だ。

「横須賀のお母さん」

進次郎はなぜここまで選挙に強いのか？

私は、進次郎の地元、神奈川県横須賀市に赴いた。２０１８年5月のことだ。都内から電車で約1時間。横須賀中央駅に降り立つと潮の香りが鼻をくすぐり、ここが海に近いことを思い起こさせる。横須賀は米海軍基地があり、アメリカ文化を満喫できる「どぶ板通り」は、この日も観光客が訪れていた。

進次郎は１９８１年4月、ここ横須賀に生まれた。

幼少期に両親が離婚して、父・純一郎氏が兄・孝太郎氏と進次郎を引き取り、純一郎氏の実姉が同居して2人を育てた。進次郎が中学2年生まで伯母を実の母と信じていたのは一部ではよく知られた話だ。

球技が好きだった進次郎は、小学生のとき地元の野球クラブに参加。孝太郎氏がピッチャーで進次郎はキャッチャーだったという。朝から晩まで野球に打ち込んだ。将来の夢はプロ野球選手。どこにでもいる野球少年だった。

学校は横浜市にある関東学院六浦小学校に入学し、大学まで関東学院で学んだ。野球は高校まで続け、3年生のときには春の県大会でベスト8に入った。大学時代はサーフィンにハマったという。

しばらく街中を歩いていると、小泉家がよく行くという蕎麦屋を見つけた。表に出ているメニュー表を見ると、「小泉進次郎君一押し」として、「進ちゃんセット」なるメニューがあった。

マグロ丼にもりそば、さらに鳥天（鶏肉の天ぷら）などがつくそのセットは見るからに相当なボリュームだが、進次郎ならペロッとたいらげるんだろうなと、想像してみる。

次に、孝太郎氏がテレビ番組で紹介していた饅頭屋をのぞいてみる。ご主人にお話を伺うと、「小泉家は家が近いから来てくれる」とのこと。そうした情報を聞きつけてか、お客さんのなかには、「小泉饅頭ありますか？」と聞く人もいるそうだ。もちろんお店にそんな商品はない。「お客さんには小泉支持者以外の人もいるから、それを作るのは難しいよね」とご主人は笑っていた。

そして、横須賀には進次郎が「お母さん」と呼ぶ女性がいると聞き、訪ねてみた。横須賀中央駅からほど近いビルの一階にある小料理屋「三㐂松（みきまつ）」。ご主人の渡辺裕さんとふたりでこのお店を切り盛りしているのが、進次郎が「横須賀のお母さん」と慕う弘美さんだ。

「今度行くときは、金目鯛に生ビールね」

お店は座敷とカウンターのみのこぢんまりしたつくり。メニューは基本おまかせで、その日の仕入れによって美味しい料理をコースで提供してくれる。

進次郎は議員になる前に関係者に連れてきてもらって以降、この店は「行きつけ」になった。今では弘美さんを「お母さん」と呼んで、地元に帰るとお店に顔を出すそうだ。

進次郎のお目当ては、金目鯛の煮付けだ。

私は、当日仕入れためばるの煮付けをいただいた。少し濃いめの味付けが最高で、これなら進次郎が好きになるのもうなずける一皿だ。

渡辺さんは、一家を挙げて進次郎を応援しているという。

弘美さん「進次郎さんは『お母さーん』ってお店に入ってくるからね。私の娘は進次郎さんの後援会で選挙を手伝っているの。孫も小さい頃から進次郎さんを知っているから、『進次郎』って、クセで呼び捨てにするのよね」

裕さん「俺も関東学院を出てて進次郎は後輩なもんだから、つい『進次郎』って言っちゃうの。それを孫たちも真似してね。呼び捨てにしちゃダメだよって言うの（笑）」

他の候補者の選挙応援などで全国を飛び回り、なかなか自分の選挙区に帰れない進次郎だが、地元の行事にはよく顔を出すそ

小料理屋「三芞松」のご主人、渡辺裕さんと、「横須賀のお母さん」こと弘美さん

うだ。

弘美さん「年に一度、運動会があるの、10月に。そこに進次郎さんが毎年来るのよ。おとしのことだけど、『仲良し夫婦』という競技があって、ふたりで胸にサッカーボールを挟んで一緒に走るの。お父さんと一緒に出ようと思ったら、ちょうど進次郎さんが来たのよ。それで『母さんとちょっとやってよ』と進次郎さんに声をかけたら、『お、いいですよ』って。それで進次郎さんと一緒に出たものだから、見てる人がみんな『うわーーーー』って驚いてね。そうしたら一等賞になって、進次郎さんが『お母さん、今度行くときには、金目鯛に生ビールね』って言うから、『いいよっ』て（笑）」

進次郎とのエピソードを語る弘美さんは、本当にうれしそうな表情を見せる。

弘美さん「去年の5月のお祭りも進次郎さんが来てたから、見にいってね。お店に戻ったら、しばらくして進次郎さんが来て『お母さん！』って。『進次郎さん、こっち見ないから今日は来ないのかなと思ってた』と言ったら、『石でもぶつけてくれればいいのに』って言うのよ。お祭りでは進次郎さんが浴衣と自前のはんてんを着て、ウチのお店でちょっと食べて出ていくの。そうしたら、6年生くらいの男の子が『かっこいい、進次郎』って。私と同じくらいのおばあちゃんたちも、みんなファンだからさ。進次郎さんはどこのお祭りにも顔を出すから、『握手したのよっ、ツーショットで撮ったのよっ』て、みんなすごい自慢するんだもの」

国会での緊張感に満ちた、時に攻撃的な姿とは違い、地元では気さくな若者に戻る。では、「横須賀のお母さん」が考える進次郎の魅力とは?

弘美さん「ルックスとかそういうのじゃないよね。人物だね。嫌みがないもの。憎むところがない」

裕さん「お父さんの純一郎さんより進次郎のほうが演説うまいし」

弘美さん「何か質問されても返す言葉がすごいじゃない。さっと言う言葉がね。『えー、あー』もなくさ。それに、私たちが後援会の会合に遅れていったとき、もう部屋は人でいっぱいで後ろのほうで小さくなっていたのに、その日の夜に進次郎さんがお店に来て、『今日はありがとうございました』なんて入ってくるの」

裕さん「お、ちゃんと見てるんだなあ。すごいなあと」

「横須賀のお母さん」の望みはやはり「小泉進次郎総理大臣」だ。その一方で、ふたりには微妙な気持ちもある。

弘美さん「なってほしいけど、あまり早くなってもつぶされていじめられるとねえ……。

だからもうちょっと機会を見て、私が生きているうちにさ」

裕さん「オバマより早く、日本で一番若くして総理大臣になってほしいと思っているからさ。でも総理大臣になったらウチの店なんて寄り付かなくなっちゃうよね」

弘美さん「どうかなあ……」

最後にふたりから進次郎にメッセージがあるという。

裕さん「嫁さんを早く見つけてほしいな」

弘美さん「でもさ、ああいうひとのお嫁さんって大変だよね。ちょっと自分の意見を言おうものならでしゃばりと言われるし、つんつんしていれば冷たいとか言われるし。でもやっぱり奥さんがいて子どもを育てて、いろんなことを知らないといけないいんだと思う……。けど、今はまだちょっとそういう気になれないいんじゃない？　お兄さんの孝太郎さんもまだ独りだし」

自分の息子のように進次郎を愛するふたり。

そんな人たちが待つ地元・横須賀は、進次郎にとって掛け替えのない、唯一くつろげる場所なのかもしれない。

「政治参加は0才から」

子どもから高齢者まで、年齢を問わず地元で幅広く愛される進次郎。その人気の秘密のひとつが、地元で行っている活動報告会だ。お堅くなりがちな政治家の活動報告会だが、進次郎の集会は子どもや赤ちゃんの参加もオッケー。会場には2メートル×3・6メートルの大きな塗り絵「進次郎とタマ公の横須賀・三浦めぐり」が飾られ、子どもたちが自由に塗り絵を楽しめるように工夫されている（※「タマ公」。昭和の初め、新潟県の旧川内村で飼われていた猟犬「タマ」が、飼い主を二度も雪崩から救ったという話に感動した海軍関係者が横須賀市内に石碑を建立。揮毫したのが当時の市長で、進次郎の曽祖父である小泉又次郎氏だった）。

また、報告会のタイムキーパー（ステージ上の進次郎に「あと何分で終わり」など時間を知らせる係）は子どもたちが担う。

「政治参加は0才から」をキャッチフレーズに、子どもたちはもちろん、子育てママも気軽に参加できる集会を目指しているのだ。

そして、「横須賀のお母さん」も参加した今年3月の「0才児からの活動報告会」には、スペシャルゲストが呼ばれた。

「なんと、欽ちゃんが参加したのよ。欽ちゃん、進ちゃんと言って、とても楽しかったわ」（弘美さん）

そう、タレントの萩本欽一さんがゲスト出演したのだ。

「コント55号」はもちろん、「欽ドン！」もリアルタイムで見たことがない世代の進次郎が、なぜ欽ちゃんをゲストに呼んだのか？

そこには進次郎が取り組む「人生100年時代」（第6章で詳述）が関係した。

報告会の冒頭、進次郎はこの会の趣旨を説明しながらステージに欽ちゃんを呼び込んだ。

進次郎「政治の世界は今いろんなことがあります。楽しいなんて言ってられない。だけども若い人たち、多くの人たちに政治に関心をもってもらうためには、楽しくなければ続かない。楽しくなければ来てくれない。政治の世界にまた行ってもいいと思ってもらうためには、楽しい会を作らなければいけないないと思いました。

私ひとりで楽しい会を作るのは、私だけでは無理だなあと思ったところ、時間があったら行ってあげようかと言って、今日、実はこの会を助けてくれる方が来ています。萩本欽ーさんです」

会場内に驚きと歓声が沸き上がる。

欽ちゃん「いいね、うれしいね。だって（参加者が）前のめりになってくれましたよ。おれ、横須賀でこんなに人気あるって思わなかったよ。変わった集まりですね。だってあっちには子どもたち、本当に0歳から大人たちまで」

進次郎「私も今の反応を見ていて、人を喜ばせる、楽しませるっていいですね。（欽ちゃんが来ることは）誰にも言ってなかったんです、スタッフにも。横須賀・三浦の皆さんは小泉進次郎が珍しくないんで。北海道から沖縄まで街頭演説に行きますが、一番、人が集まらないのが横須賀なんです（笑）。演説やっても『毎年お祭りにいるしね』って。だから今日は欽ちゃんの活動報告会みたいな雰囲気になると思うので、私なんか〝あとはよろしく〟と帰ってもいいくらいで」

そして欽ちゃんは、この会に参加するきっかけを面白おかしく説明し始めた。

欽ちゃん「でも不思議でしょ、こうやって2人並んで。（進次郎は）びっくりする人でね。あるとき突然、私のところに会いにいっていいかって。行動力があるというかね、驚くでしょ。だから会いにいっていいかっていうときに、『ちょっと待って』と言ったの。『今、あの人に会いたいなっていう（自分のリストの）中に進次郎という名前があるんだ。おれが会いにいくから、こっちに来るな』って。どっちが会いにいくかってけんかになって。そうしたら柿ピーを持って会いにいくぞって（進次郎が）言うの。それで決着ついたんだ」

進次郎「柿ピーが今、横須賀のお土産屋さんで売っているんです。私、柿ピーが好きなので、食べてみたら美味しいので、お持ちしたんです、（海軍カレー味の）柿ピーを」

実は欽ちゃんに会いたいと申し出たのは、進次郎自身だった。進次郎にとって欽ちゃんとは、世代的に「コント55号」や「欽ドン！」ではなく、「仮装大賞の司会や野球チーム（茨城ゴールデンゴールズ）の監督」だ。しかし、「人生100年時代」についてさまざまな政策提言をしている進次郎が注目したのは、欽ちゃんの生き方だ。「欽ちゃんが大学（駒澤大学仏教学部）に70歳を超えて入学するということを知って、どういう思いで通うんだろうと興味が湧いて、欽ちゃんの本を読んだ」と進次郎は言う。

そしてこれがきっかけとなり、「学び直しを面白く語れるのは政治家じゃない。生き方としてすでに体現されている方が欽ちゃんだ」と、この報告会への参加をお願いしたのだ。

「今までと同じことをやっているのが、最大のリスク」

では、そもそも欽ちゃんは、なぜ70歳を超えて大学に通おうと思ったのか？

欽ちゃんの答えに会場は大喝采の渦となった。

欽ちゃん「どうしてって、この年齢になるといよいよボケが始まるっていうね。認知症だとか、そういうことを考える年齢になったわけ。でも忘れるものをどうやって止めるかとか考えない。忘れるものはどんどん忘れていく、あとは足していけばいいんだろって。だから、どうやってボケるのを止めるか、どうやってそれを防ぐかじゃなくて、忘れるということを認めることが大事。大した人生じゃないし、今まで覚えたことも大したことじゃないよ、と。そんなものはみんな忘れていい。だから新しいことを足していけばいい」

こうした欽ちゃんの考え方に、「人生１００年時代」の生き方を模索する進次郎は心を動かされたのだろう。

さらに2人のトークは、コント55号の相方、故・坂上二郎さんの話に及ぶ。

欽ちゃん「コンビだった坂上二郎ちゃん、亡くしちゃって……忘れられないよね。だから今度、新しい二郎（新・二郎＝進次郎）ができたってさ（会場爆笑）。次までに二郎さんが得意な『飛びます飛びます』っていうのをね、（進次郎に）覚えてもらってね。『ダメだろ新・二郎、もうちょっと政治のことを頑張らなきゃ』、『わかりました飛びます飛びます』って、いいでしょ」

進次郎「新コンビ、できましたか」

欽ちゃん「そう、一つずつ覚えてもらってね。政治の中にも『飛びます』を入れていただいて、『そういうことしてもいいんですか？』『ええ、わかりました、飛びます飛びます』って」（会場大爆笑）

進次郎「もう楽しいですね（笑）」

欽ちゃん「止めるとかじゃなくて、飛びます飛びますって」

欽ちゃんと新・二郎（進次郎）のコンビ結成には、コント55号のファンでなくても大興奮だ。会場のボルテージが一気に高まるなか、コメディの大御所が、総理の椅子に一番近い若き政治家に「ツッコみ」を入れる場面も。

進次郎「何歳になっても当たり前に大学に通っている。そういう社会になったら素敵だなと思っているなかで、欽ちゃんがいるんです」

欽ちゃん「思ってないで、そういう国にしなよ」

進次郎「はい、できるようにします」

欽ちゃん「なかなか政治家・進次郎にツッコむ人いないでしょ。おれは厳しくツッコむよ」

約1時間のトークの後、進次郎は記者団に楽しげに言った。

「よく芸人さんがテレビで大物の方と共演するのは怖いって言うじゃないですか。今日はその気持ちがよくわかりました。お前はまだまだだぞと言われているような、本当に学びが多かったです」

さらに「今日、お見送りしていてね、こんなにみんなが『楽しかった』と言うことはない。一番うれしいですよ。だけど来年のハードルが上がって怖いです」と笑った。

一方、欽ちゃんは、記者団から「（進次郎に）欽ドン賞をあげられるか？」と聞かれると、「進次郎さんに（欽ドン賞を）出したいって言ったら、ヨイショしすぎじゃない。欽ドン賞を出すのにはもうちょっと時間がかかる。でも出す用意がある。この人に出したいねって。楽しいことやってくれそうな気がするし」

進次郎は、「今までと同じことをやっているのが、最大のリスク」と考え、この活動報告会を始めた。確かにこの活動報告会が、政治家の集会、住民の政治参加に対するイメージを大きく変えたのは確かだ。子どもや若者の政治参加へのハードルを下げ、そのためにも「楽しいと思ってまた来てもらう」ことを考える。

進次郎には従来の政治家とは、まったく違った発想と思考がある。

コラム　基地の街・横須賀で国防を語る

「国防は国民の理解なくして語れない」

進次郎の地元、横須賀は「ベース（米軍基地）の街」だ。

敗戦後、アメリカ海軍が日本の軍事施設を接収し、日米安保条約のもと今に至っている。さらにここには、海上自衛隊の基地や防衛大学校もある。住民は日常的に、軍とともに暮らしているのだ。

２０１５年の夏。

安保法制を巡って与野党が激突し、反対デモで国会周辺は騒然となっていた。法案が衆議院を通過した際、進次郎は記者団に対してこう話している。

「私の地元は自衛隊、そして米第七艦隊の事実上の母港になっている横須賀。そういう安全保障の、特に日米安保のもとでは不可欠な存在になっているから、両方の声がある」

その言葉の背後にあるのは、横須賀が基地の街であるという強烈な自覚。また進次郎は、この年、別の場でこう述べている。

「私の祖父（小泉純也氏）は防衛庁長官、私の父（純一郎氏）は総理で自衛隊の最高指揮官だった。地元横須賀も、今週末に新しい空母、ロナルド・レーガンが配備される。ますます私の地元横須賀は大きな位置を占める」

　進次郎の言葉には、国の安全保障を肌で感じてきた自負と責任が垣間見える。

　進次郎は地元横須賀にある防衛大学校と陸上自衛隊高等工科学校の卒業式に、来賓として出席している。

　２０１８年３月21日、進次郎は陸上自衛隊高等工科学校の卒業式で祝辞を述べた。

　その言葉には、国防の道に進む若者への敬意が溢れている。

「私が高等工科学校の皆さんと初めて出会ったのは、政治家になる前の自衛隊体験入隊のときでした。海上自衛隊教育隊、当時の陸上自衛隊第一教育団、そして高等工科（学校）の前身である少年工科学校の皆さんのところに、お邪魔したのがもう10年以上前になると思います。

体験入隊をした私に、卒業生の先輩である当時の少年工科学校のドリル部の皆さんが、私のためにドリルのパフォーマンスを見せてくれたのを、ものすごく感銘を受けながら私は拝見しました。そして野球部の皆さんとも、私が高校まで野球をやっていた関係もあり、一緒に練習をさせてもらいました」

2018年3月、陸上自衛隊高等工科学校の卒業式で祝辞を述べる

「みんなは横須賀の誇り、日本の誇りです」

進次郎は父の秘書時代、「今のうちにいろいろ体験しておこう」という思いから、2泊3日で自衛隊に体験入隊をしたという。入隊先は海上自衛隊、陸上自衛隊、そして高等工科学校の前身である少年工科学校だった。海上自衛隊では、防火訓練、着衣泳、短艇（カッター）訓練などを、陸上自衛隊では、戦闘訓練、野営、行軍などを体験した。進次郎はオフィシャルサイトで、「自衛隊の皆さんの日々の訓練の一端を体験したことで、厳しい国防の任にあたる皆さんに対する感謝と敬意の念を強く持った」と振り返っている。

この体験をもとに進次郎は、政府与党のトップが防衛大学校と高等工科学校の卒業式に出席するよう活動してきたという。

「あれから自分が政治家になったら、毎年防衛大学校に、総理大臣と防衛大臣が必ず出席してくれるように、この陸上自衛隊の高等工科学校にも毎年しかるべき立場の政治家が出席してくれるような、そんな学校にしたいと思って、私は活動を続けてきました。

今日初めて、総理からのメッセージが、長い歴史のこの高校に届きました。

そして数年前に防衛大臣として初めて卒業式に出席をしてくださった小野寺防衛大臣が再び戻ってきてくれました。そして、与党の幹事長として二階幹事長が初めて卒業式に出席をしてくれて、これだけ多くの議員が出席する、そんな学校の伝統をつくりあげたのが、61期生の皆さんのこれからも忘れることのない歴史の足跡です」

この年、二階氏が自民党幹事長として初めて、高等工科学校の卒業式に出席し祝辞を述べた。二階氏は、自民党の筆頭副幹事長である進次郎の直属の上司にあたる。多忙を極める上司を横須賀まで連れ出す「部下力」も、進次郎には備わっているのだ。

そして卒業生の保護者に対する気遣いも進次郎は忘れない。

「保護者の皆さんにおかれましても、私は先日、保護者の皆さんが主催する卒業生の皆さんとの懇親会に参加をさせてもらいました。そのときに、皆さんのお子さんをこの学校に通わせる決断を後押しした親の気持ちというものを初めて伺い、入学式の日に『本当にこの学校に子どもを通わせてよかったんだろうか』、そういった悩みや不安もありながらの日々だったことを、私も深く感じる時間がありました。そういったさまざまなことを乗り越え、3年間を無事にみんなで卒業の日を迎えたお子さんたちのことを、どうか褒めてあげてください」

最後は、彼らを「横須賀の誇り」「日本の誇り」と称え、国防に対する熱い想いを滲ませた。

「教職員の皆さんにおかれましても、滝沢校長はじめ皆さんのご指導と愛情のおかげで、今日この日を迎えることができたことに、心から感謝と敬意を表したいと思います。

最後になりますけど、多くの陸上自衛隊に進む皆さんとはまた違い、陸上自衛隊ではない、その道を選択された皆さんも、どうかこれからも、世の中には多くの人が知らない、15（歳）から集団生活を送り、親元を離れて日本の国防を思い、部活に励み、勉学に励み、こんなにすばらしい高校があるということを、皆さまを知らない多くの人に届けてください。日本一の高校、日本一の高校生、みんなは横須賀の誇りです。日本の誇りです。これからもみんなの活躍を応援していま す。今日は卒業、本当におめでとうございました」

本書を執筆するにあたり、防衛大臣の経験もある石破茂元幹事長にもインタビュー（後出）をしたのだが、そこで進次郎が経験すべき分野についてこう語っている。

「あと防衛。（進次郎は）横須賀が選挙区ですから、防衛も手がけてもらいたい」

米軍と自衛隊を抱える横須賀で生まれ育った進次郎。

その資格はすでに十分である。

第4章

希望

2011年〜 東北復興支援

2012年2月11日、「チーム・イレブン」で被災地を訪問

「チーム・イレブン」発足

２０１１年3月11日。

東日本大震災、それに伴う東京電力福島第一原子力発電所事故は、東北を中心に甚大な被害をもたらした。

当時は、民主党・菅直人政権。私はフジテレビの経済部で原発事故を担当していたが、未曾有の事故を前に混乱し無力な政府の姿に失望し、いらだちを覚えていた。多くの被災者を目の当たりにして、当時野党の一議員だった進次郎の胸中は、いかばかりだっただろう。そして、進次郎はすぐさま行動を起こした。

前出のマイケル・グリーン氏はこう語る。

「東北復興のための勉強会があったとき、進次郎が私にこんな話をしました。震災後、進次郎は後援会の関係者に『しばらく後援会の活動に参加できなくなる』と言い、ハンバーガーの食材とサッカーボールをトラックに積んで、福島や岩手まで運転していったんだそうです。そして被災地の公園でハンバーガーを作って、子どもたちとサッカーをしたのです。進次郎の後援会も『我々もやろう』ということになり、進次郎と一緒に東北まで行ってバーベキューやサッカーの試合をやったそうです。

私は驚いて、『それ、メディアに言いましたか？』と進次郎に聞きました。しかし彼は『いいえ、メディアには言ってません』と。私は以前、岩手に住んでいて岩手日報で働いていました。岩手日報に『進次郎が来てバーベキューやサッカーをして被災者を支援していることを知っていますか？』と聞くと、『知っているけど、記事にはしない』と答えました。『岩手が地元の政治家で大阪に逃げた人もいる一方で、進次郎は横須賀なのにこちらに来ている。とても心を動かされたが、記事にはしませんでした』と彼らは言うのですね」

有事のときに、最前線から逃げる政治家と最前線に向かう政治家。

どちらに政治家としての資質があるのかは言うまでもないだろう。

震災から11か月がたった2012年2月10日。

自民党青年局長だった進次郎は「TEAM－11（チーム・イレブン）」の発足を発表した。

自ら被災地に足を運んでいた進次郎にとって、この会見は大きな意味を持ったに違いない。進次郎は言葉を噛みしめるように語り始めた。

「（会見の）内容は被災地に対する継続的支援です。明日から毎月11日、福島・宮城・岩手の3県を継続的に回って被災地の方々の声を、また視察をして、国会に届けたいと、青年局として継続的にやっていきたいと思います。これは私が青年局長在任中、ずっと続けていきたいと思います」

これに対して記者たちは、「具体的にどうやって政策に反映させるのか？」「自民党の支持率が上がっていないからやるのか？」といった質問を投げかけるなど、冷ややかな反応を見せた。

それもそのはず、当時自民党は野党で、しかも会見の主体は党の執行部ではなく青年局だ。野党の若手の動きより、政府与党の動向のほうがニュースになることは、記者であれば誰もがわかっている。

記者たちは進次郎にチーム・イレブンに関する質問をいくつかすると、会見の趣旨からはずれ、「税と社会保障」の質問に移った。

「現場に入り、声を聞き、汗をかいていく」

会見の翌日、2月11日に第1回の活動が福島で行われた。

進次郎は、仮設住宅を訪問し、被災者にこう語った。

「(毎月)11日の日に被災地をずっと回り続けようと。だんだん震災のことが風化しているのは否めない。それを何とか食い止めて、少しでも全国の皆さんに被災地の現状をお伝えしたいということで、こういう動きを始めました」(自民党のホームページより)

そして除染現場の視察を行い、市民との対話集会で被災者の声を聞いた。

第2回の岩手では、がれきの処理作業や防波堤の復旧工事の現場を視察。その翌月は宮城を訪問した。チーム・イレブンの実施にあわせて作られたシリコンバンドは完売し、収益の全額約100万円が、震災で殉職した消防団員・職員の遺児を支援する「東日本大震災消防殉職者遺児育英奨学基金」に寄贈された。

野党の青年局の活動にメディアが注目することはほとんどなかったが、党内では被災地から遠く離れた場でふだん活動する議員も参加し、党を挙げて被災地の課題解決に取り組もうという機運が高まった。

そして民主党から自民党へと政権交代があり、２０１３年9月、進次郎は復興大臣政務官に就任する。被災地を奔走し、被災者に寄り添ってきた進次郎が、復興にかかわる仕事を志願したのだ。

根本匠復興大臣のもと、政務官になった進次郎は、就任会見で「復興が少しでも加速すればと思うので、一生懸命頑張っていきたい」と意欲を示した。

「このたび復興大臣政務官を拝命しました小泉進次郎でございます。ただいま根本匠大臣からお話がありましたとおり、宮城の復興局と、そして岩手の復興局、また本庁では総括として幅広く復興関係を担当させていただくことになりました。課題も多くありますが、根本匠大臣のもと、復興庁の政務三役、そして官僚の皆さんと『巧み』なチームワークが発揮できて、復興が少しでも加速すればと思いますので、一生懸命頑張っていきたいと思います。どうぞよろしくお願いします」

大臣の名前、根本匠（たくみ）と「巧み」なをかけるシャレを飛ばした進次郎。

さらに進次郎は、これまでのチーム・イレブンの活動を、「自分の政治家人生を決定づけたような、そうした価値観まで揺さぶられるような経験だった」と振り返り、「だからこそ自ら今回望んで復興関係の担当をやりたいと、そういったことを望んでの復興大臣政務官への起用ですから、今までの取り組みがそれで終わらずに、しっかりと根本大臣のもと、かたちにできるように、与えられたところで全力を尽くしたい」と続けた。

またこの会見では、記者から、「チーム・イレブンと政務官では責任の重さが違う。矢面に立ったとき、被災者から逃げずに適切な救済等の覚悟はあるか」という意地の悪い質問が飛んだ。

これに進次郎は「もう信頼関係の一言に尽きると思います。おっしゃるとおり、あれもやります、これもやりますと、いい話ばかりができるわけではありませんから。仮に厳しい選択を迫るようなことがあったとしても、そこに信頼関係がなければ理解は得られないし、課題も前進することはありませんから。とにかく今までの活動は活動として脇に置いておいて、復興政務官として新たな信頼を勝ち取っていけるように、どれだけ現場に入り、直接声を聞いて、その上での取り組みなんだということを復興庁全体の取り組みとして理解していただけるように、汗をかいていきたいと思います」（2013年10月1日、復興庁記者会見：復興庁ホームページより）

進次郎は復興政務官として、そして復興の仕事から離れても、この言葉どおりに被災地支援を続けた。

そしてチーム・イレブンの活動は、頻度こそ減ったものの今も続いている（2024年7月現在で49回目の被災地訪問を行っている）。

「前例なき環境には前例なき教育を」

進次郎のさまざまな復興支援の取り組みのなかでも、私が特に注目したのが福島県の「県立ふたば未来学園高校」の開校だ。

「前例なき環境には前例なき教育を」を合言葉に、福島第一原発事故から4年たった2015年、福島県広野町に開校した福島県立ふたば未来学園高校。

進次郎は、原発事故という未曾有の危機に直面し、住民の避難が続いていたこの地に、「教育の拠点」を創設するべく力を注いだ。

なぜ、私がこの取り組みに注目したのか？

私は教育取材をライフワークにしているのだが、理由はそれだけではない。その理由は、開校式・入学式の後、フジテレビの単独インタビューに答えた進次郎の言葉にあった。

「教育というのは、子どもたちの将来をつくるものですからね。責任感と緊張感をもって、そして一過性でない、本当にこれからずっと継続的に取り組んでいかなければいけないと思っています」

ハードの復興はつくり上げればいったん終わるが、教育に終わりはない。

私は進次郎の言葉に、被災地復興に継続して取り組んでいく強い意思を感じたのだ。

さらに被災した子どもたちへの進次郎のまなざしは温かい。

「特にあれだけの震災と原発事故という、世界の中でも前例のない経験をした子どもたちというのは、僕らが計り知れない力を、肌で感じるくらい表にパワーを出している子と、内なるものすごいエネルギーを秘めている子、両方いるなと思いましたね。もうすでに、ビンビン伝わってくるようなエネルギーを持っている子は、そのままアクセル全開で突っ走らせる。一方でエネルギーをまだ外に出していない子に対しては、何がその子のエネルギーを大きく外に出してあげるきっかけとなるのか、これからに期待を持てるなと思いましたね」

この学校では、復興を担う人材を育てるべく、林修氏や為末大氏ら、さまざまな著名文化人やスポーツ関係者らが応援団として支援してきた。

学科は特色豊かで、進路希望に合わせて進学コース、トップアスリートを目指すコース、そして農業や福祉などのスペシャリストを育てるコースの3つに分かれている。また、授業にはアクティブラーニングを導入し、「地域の再生」をテーマとしたプロジェクト学習も取り入れた。

先進的な教育を導入しているとされる学校よりも、さらに革新的な教育を行っていると言える。

開校式の日のインタビューでは、進次郎はこの学校の教育カリキュラムについて、「おそらく前例のないことだから失敗もあると思います。学校、教育機関は失敗を怖がると思うんですよ。だけど、どれだけ早く失敗を重ねて、失敗の経験値を得られて、なおかつ失敗を奨励する文化を根付かせることができるかが大事だと思うんで。新しいことですからいろいろな試行錯誤があって当然ですからね。走りながら考えようと。だけど、走る速度は最速で走ろうと。考えは深く持とうと」と語っている。

このインタビューで、フジテレビの記者が「継続してやっていくことの難しさも言われているが?」と聞いた。

これに対して進次郎は、「やらない人が難しさを言うんですよね」と言ったうえで、「難しいと言っている人には、じゃあそれを継続できるように自分たちも応援団を立ち上げようと思ってもらえば一番いいね」と、この取り組みへの参加を促した。

反対勢力を批判するのではなく、こちら側に巻き込んでいく。進次郎には「巻き込む力」も備わっているのだ。

「迷ったらフルスイングだ」

そして3年後の2018年3月1日、1期生140人が卒業式を迎え、大学や専門学校に進学、あるいは就職と、それぞれの道に向けて巣立っていった。

卒業式に出席した進次郎は、「3年間、長かったかもしれない。短かったかもしれません。ただ、皆さん、これからはもっと長いですよ。人生100年時代に皆さんが悩んだり迷ったり苦しくなったりしても、きっと帰ってくる場所がここ、ふたば未来学園じゃないかな」と、エールを送った。

建学の精神を「変革者たれ」と決めた、ふたば未来学園高校の初代校長・丹野純一さん。卒業式では、卒業証書を手渡すとき、涙を流した。「生徒の顔を見ながら、一人ひとりの困難がぱっと思い浮かんで、耐えられませんでした」と言う。

丹野校長は、県の教育委員会から「青天の霹靂で校長を命じられて」(丹野校長)、わずか数か月でこの学校の教育目標や建学の精神、校風などを検討したそうだ。

「この学校の置かれた状況や使命を考えたときに、おそらく被災地も原発も被災者もいずれも風化していくだろうなと思っていたんです。私は風化させてはいけないと思いますし、この地域は常識ではどうしようもない状況なので、変革者を育てていこうと考えました」

卒業式の日、私は丹野校長にこの3年間の進次郎との歩みを伺った。

「最初に小泉先生にお会いしたのは2014年12月でした。私が校長になる前でしたが、東京まで行きまして、小泉先生の執務室の中でキャッチボールをしましてね(笑)。当時の福島県の教育長が、『小泉さんは野球が好きだから』とボールを用意していて、『気持ちを交換したらどうだ』と、その場でキャッチボールしたんです。そのときに小泉さんの気持ちを受け止めたなと思いましたね」

学校の創設にあたって「前例なき環境には前例なき教育を」というメッセージを発していた進次郎は、応援団として年に数回やってきては、生徒を励ましていたという。

「本当に先輩がいなかったので、小泉先生が先輩でしたね。今でも思い出すのは高校1年の夏です。この広野校舎と三島長陵校舎、猪苗代校舎に分かれて学んでいる生徒が一堂に会し、交流会をやるんですが、キャンプファイアをしたんです。そこに小泉先生がいらっしゃって、『僕が先輩になるから』と力強く言ったのを覚えています。また、『迷ったらフルスイングだ』と、みんなの前で話してくださって。小泉先生らしいですよね（笑）。それを聞いたときに『この先生は、困難を抱えている生徒の背中を押してくれているなあ』と感じました」

進次郎は時には「サプライズ訪問」をしたと丹野校長は言う。

「そういった行事のときに来ていただいて励ましてもらったり、突然、学生寮にいらっしゃって、夜に寮でご飯食べながら歓談してくださったり。行事や日常生活の中で、年に一回か二回、顔を出して励ましてもらいました」

ふたば未来学園高校の丹野純一校長

福島県広野町は、都内からだと車で片道3時間近くかかる。党務や政務に多忙な進次郎が、こうして通う姿には、ふたば未来学園への並々ならぬ想いがうかがえる。

　卒業式の日、進次郎と丹野校長はこんな会話を交わしたという。

「小泉先生には『不登校の生徒がいっぱいいたが、よく頑張ったね』という言葉をかけてもらいました。『野球とかバドミントンで元気な子はいいんだけど、目立たないけど苦しんだ子が学校に来られたことが大事だね』と。『乗り越えた子がいっぱいいたのが希望だね』と強くおっしゃっていました」

　開校当初、原発事故で故郷を去らなければならなくなったショックや、その後の風評被害、いじめに悩んで不登校になった生

ふたば未来学園高校の卒業生と

徒も多かったという。

丹野校長は卒業式後、記者団に対し卒業生への期待をこう述べた。

「『福島を生きる者』としての倫理とか、いかに生きるかということをずっと問い続けてほしいと思っています。それこそが卒業生の使命であり役割であり、そして希望だと思うんですね。それをやっていってほしいと思います」

校長の言葉を聞きながら進次郎は、「復興はライフワーク」とあらためて語った。

「よく復興は早いですか遅いですかとか、そういうことを言われることがあるんですけど、それは政治家が言うべきことではないと思いますね。早いか遅いかを判断するのは被災地の皆さん、そしてそれに応えるべく結果を出すこと。私としては被災地の皆さんに、復興に関わってもらいたい政治家と思われるようにこれからも自分の政治活動の中で、ずっと関わり続けていきたいなと思っています」

ここでも進次郎は、「教育」に携わった理由として、「一過性の支援ではなく、自分の人生を通じて関わり続ける意思の表れ」だと述べた。

福島では真の復興まで気が遠くなるような長い道のりが待っているが、福島の未来を支えるのは、今を生きる若き変革者だ。そして、変革者を育てるのは教育なのだ。

「安全神話が崩れ、築くべきは安全文化」

では、進次郎の原発に対するスタンスはどうなのだろう?

進次郎は2015年9月に都内で行われたイベントで、原発について「安全神話が崩れ、これから築くべきは安全文化だ」と語っている。

「最近起きた最大の発想の転換は、原発事故と震災。あれほど今までの価値観が揺さぶられたことはなかった。(中略)安全神話が崩れ、これから築くべきは安全文化だ。今34歳だが、30年後、40年後、その先を展望したら、私はどうしたら事故や災害でリスクや不安を感じず、経済の成長を阻害することもなく、原発をやめていけるのか、どうやったらそれができるのかという方向性で、時間がかかっても将来を考えていくべきだと思う」(2015年9月30日、「篠原文也の直撃!ニッポン塾」にて)

その後、2018年3月には、被災地を地元とする「河北新報」の単独インタビューにこう答えている。

「まだ人が住めない、戻れない帰還困難区域の景色を見るたび、原発事故の計り知れない結果に責任を感じる。父の活動とは関係なく、どうやったら原発をなくせるのか、私は考えたいね。ひとつの国で2度、原発事故があれば終わり。そのリスクがないとは言えない」

進次郎の父・純一郎氏は、安倍政権が原発推進の方針を明確に掲げているのに対して、原発ゼロの旗を掲げ安倍政権のエネルギー政策を批判している。2014年の東京都知事選挙では、原発ゼロを掲げて細川護熙元総理を擁立したが落選。2018年1月には、「原発ゼロ・自然エネルギー基本法案」の骨子を発表して、各政党に賛同を呼びかけるなど、筋金入りの反原発論者だ。

そんな父親ほどではないが、進次郎も原発推進に積極的ではない。

純一郎氏は2018年3月、外国特派員協会での会見で、こう述べている。

「時の総理が原発ゼロを言えば、自民党が変わりほとんどが賛成に回る。今の安倍政権は無理だね。近い将来、国民の支持によって自民党も変わってくる。原発ゼロは必ず実現する」

では、純一郎氏は、進次郎が原発ゼロを成し遂げると期待しているのか？　この会見で純一郎氏は、こう述べた。

「あれやこれや（進次郎には）言ってませんよ。進次郎は私の講演録を見たり、聞いたりしているようですね。あとは自分で判断することです。若造で生意気と言われているから、遠慮しているんじゃないですかね。どういう動きをするのかは予測がつかないが、私より勉強家だから考えているのでは。先はわかりません」

復興を成し遂げ、日本の未来を考えるうえで、原発やエネルギー政策は切り離せない問題だ。進次郎が今後、この分野でどんなリーダーシップを発揮していくのか。被災地だけでなく、日本中が注目している。

インタビュー　石破茂、進次郎を語る

進次郎には復興庁と内閣府の政務官時代、3人の「上司」がいた。一人が復興担当大臣、もう一人が経済財政担当大臣、そして地方創生・国家戦略特区担当大臣だ。

そのうち、地方創生担当大臣として、進次郎と地方創生に取り組んだのが石破茂氏だ。

2012年の自民党総裁選で、進次郎は石破氏に投票した。

進次郎は総裁選終了後、石破氏に投票した理由を「自民党は変わらないというイメージがまだありますから、そういう今までの自民党のイメージを払しょくして、これからの

石破茂議員

新しい自民党を築いていただきたいと、そういう期待を込めて投票しました」と語った。
　石破氏は進次郎をどう評価し、何を期待しているのか？　私は石破氏のもとを訪れた。私の質問に、石破氏は進次郎との出会いを昨日のことのように語り始めた。

「何の本を読んだらいいですか」

――初めて小泉議員に出会ったのはいつですか？

大学留学はコロンビアか、あそこで研究所かなんかに行ったよね？

――ワシントンD.C.のCSIS（＝戦略国際問題研究所）ですね？

そうそう。CSISに私たちが行ったのは、防衛庁長官から防衛大臣になった頃かな。その頃に彼がいて、「ほう、これが小泉さんの倅さんか。お父さんと全然違うんだ」と思ったのが第一印象。見た目は似てるけど、すごく年が若くてお父さんとは違うねえと。お父さんの倅だと偉ぶったところもないし、本当にいい若者という印象でしたね。

――その後、小泉議員は２００９年の衆議院選挙で初出馬となりますが、それまでしばらくは会っていませんか？

ＣＳＩＳで会った後、全然会ってない。２００９年の衆議院選挙のとき、私は政調会長だったんだね。あのとき（２００９年衆議院選挙）に新人で当選したのは、伊東良孝（北海道7区）、橘慶一郎（富山3区）、齋藤健（千葉7区）、小泉進次郎ですからね。

これはただ者じゃないですな。あの中で当選してきたのは。

当選したばかりの頃、「あれが小泉さんの倅さんだよ」と話してたけど、その頃からまあこの4人は皆、存在感のある人だから、（齋藤）健ちゃんは今（農林水産）大臣だし、橘さんは常に得票率全国でベスト5に入るし、伊東良孝さんは鈴木宗男さんの娘さんと戦って選挙区を通るような人だから。

――議員になってからの小泉議員の印象はどうでしたか？

小泉さんのキャラっていうのは非常にその……異彩を放つというか、目立とう目立とうと彼はしないいんだけど、これはなかなかのものだなあと当時から思っていましたね。ちょうどその後（２０１０年）参議院選挙があって、我々は野党で、ある程度勝ったんだよ。総理は菅（直人）さんだったね。あのときに（自民党が）反転攻勢の足がかりをつかんだんでしたかね。

その直前の４月に鳥取市長選挙があって、現職対民主党の新人。民主党は参議院選挙の前哨戦だと、市長選挙に朝日新聞の米子支局長をぶつけてきたりしてね。鳥取市長選挙なんだけど米子の。当時まだ民主党に勢いがあった頃で、現職の自民党は、この選挙は負けられないと。

どうしても勝つ確信がなかったので、小泉さんを呼んできて駅前で街頭演説をやったら、人が集まった。

それもあって自民党の現職が当選したんだね。

で、次の朝帰らなければいけないからと夜行列車で帰った。直通がないから岡山までは普通の特急で行って、岡山で夜行列車に乗り換えて東京まで帰った。そのとき、小泉さんはA寝台の切符。私はB寝台の切符だったのですが、「先輩、何を言うんですか、僕がB寝台です」と言って、席を取り替えてくれた。その岡山まで行く特急の中で、小泉さんが「政調会長、僕、税制を勉強しているんですけど何の本を読んだらいいですか」と言うんですね。そのときたまたま本（『抜本的税制改革と消費税』森信茂樹著／大蔵財務協会）を持っていたんで、「君、これを読んだら」と渡して。私はいろんな国会議員を見てきたけど、「何の本を読んだらいいですか？」と聞かれたことはめったにない。今まで小泉さんを入れて2、3人しか知らないな。よく勉強するなって思ったんですよ。

――その頃から人気のあった小泉議員は、選挙応援で引っ張りだこでしたね？

私が（2012年に）幹事長になって、選挙のたびに小泉進次郎は、自分が納得したところは必ず行った。納得しないところは行かない。ここは自分が行かなくても勝てるとか、偉い人がいっぱい行くとか、そういうところは行かなかった。彼の判断基準は、青年局、若い候補者のところ。あとは離島とか、人が行かないところに行ってあげたいという彼の想いがあって。

私がずーっと見ていて、「ここはあんたに行ってもらわないとだめだ」と判断したところは、どんなにしんどい日程でも必ず行った。

どんなに楽な日程でも、行く意味がないと思ったところには、彼は頑として行かなかった。だから彼にはいつもそれなりの理由があるんです。

——候補者の好き嫌いじゃないわけですね？

ないですね。そのへんは非常にはっきりしていましたね。よく人が集まらないと行かないとか、きつい日程は嫌だとか言う人がいるじゃないですか。こっちが頼んでも「こんな日程は嫌だよ」とか、「誰も集まっていないところで演説するのは嫌だよ」とか言う人はいるからね。彼にはそういうのはないというのが、私が幹事長時代の話。

「大臣、やりたいことがあります」

——その後、地方創生担当大臣の際に、小泉議員は政務官として石破さんに仕え

ましたね？

地方創生って鳴り物入りの政策だったからね、副大臣が平将明、政務官が小泉進次郎、補佐官が伊藤達也という最強の布陣だったんですね。だからそれはもう安倍さんにも菅さんにも感謝している。その方々は総裁選で私に（票を）入れた人たちね。それをあえてつけてくれたし、平さんも、小泉さんも、伊藤達也さんなんて金融担当大臣をやった後だからね、普通、補佐官になんてならないのになってくれた。

地方創生の最初の1年、2年、特に彼らが副大臣、政務官をやっていた間は、本当に勢いがありましたね。

――最初、どんな取り組みを？

小泉さんが、「大臣」と言って私のところに来て、「やりたいことがあります」と。地方創生でやらないといけないことがありますと。

その一つが「シティマネージャー」といって、人口5万人以下の市や町や村に中央の官僚を送り込む制度です。

今までキャリア官僚って、政令指定都市とか県庁所在地とかそういうところにしか行かなかった。人口5万人以下のところなんてポストがなかった。「それをやらなければいけません」と。

もう一つは「コンシェルジュ制度」です。

たとえば北海道小樽市の出身ですとか、あるいは嫁さんが小樽市ですとか、なんだか知らないけど小樽市が大好きですとか、そういう役人が霞が関にいっぱいいると。私がこのまちのコンシェルジュになりたいという人を、それぞれの市町村ごとにつくる。当選したばかりの町長とか市長とかは、霞が関のどこに行っていいのかわからない、ましてやそこから出ている議員が野党の議員だったりすると聞きづらい。

でも経産省にはあの人がいるとか、農水省にはこういう人がいるとか、厚労省にはこういう人がいるとか、そういう名簿を作れば、たとえば「すみません、仙台市の市長ですけど、コンシェルジュの何とかさん、相談に乗ってくれませんか」、「それはこういうふうにやったらいいんだよ」となりますね。

――面白いですね。小泉議員はどこからそういうアイデアを持ってきたんですかね？

こういうシティマネージャー制度は、彼がアメリカに留学しているときにそういう制度があると知ったんでしょうね。

――コンシェルジュはどこから？

どこで発案したのかよくわからないけれど、私が大臣になった次の日に彼はここに来て、「シティマネージャーとコンシェルジュ、これをやりましょう、大臣」と言ってきて。私は「それ、いいね」と。

今も続いてますけど、単にポストを得ればそれでいいというんじゃなくて、「このポストを全うするためにはどんなアイデアを大臣に出したらいいんだろう、どんなアイデアを実現したらいいんだろう」と（進次郎は）常に考えている。

日本国のために小泉進次郎を「使い捨て」にしてはいけない

――政治家としての小泉議員をどう見ていますか？

それは間違いなく日本を背負って立つ人だし、背負って立たせなければいけない。発想がすごく斬新で時代を先取りしているし、偉ぶらないし媚びない。何よりも選挙に強い。この3つの条件はとても大事だと思います。選挙に強くなければ人の応援なんか行けないし、選挙に強くなければ本当のことなんか言えない。

だから、まず選挙に強いこと。それから時代を先取りした発想ができること。そして人に媚びない、へつらわない、偉ぶらないこと。この3つだと思いますね。

――小泉議員が農林部会長として行った農業改革（第5章で詳述）は、農水大臣の経験もある石破さんはどうご覧になりましたか？

私も農林水産大臣のときに生産調整（※コメの過剰生産を防ぐ仕組み。いわゆる「減反」）の廃止を訴えて大騒ぎになった。でも実現したわけですね、10年かけて。

正しい政策ってあるんだけど、それを官僚が言うだけではダメなんですね。政治家が自分の言葉でこれはなぜ必要なのかを説明しなければならない。それによってデメリットを受ける人が、ほとんどの場合におられるわけですから。

そういう人に対してどういうケアをするのかというのがないと、改革なんかできないと思います。だから彼が農林部会長としてやったことは、それはまだ完全成就したわけではないし、反対する人もいるし、恨んでいる人もいるだろう。でも彼はなぜそれが必要なのかというのを、きちんと話し、それでデメリットを受ける人のことも一生懸命考えていると思いますね。

だから私が生産調整廃止だと言いだしたとき、まあ大騒ぎになった。全国農協組合長会議に出れば、一人ずつお酒を注いでまわって飲んで、JA全中会長が組合長をやっている農協に行っては夜、酒を飲む。それが政治家だから。

「つらいことだけどあいつが言うことだったら聞いてみようか」という気になってもらえるよう、努力しなければいけない。そういう才能は（進次郎は）私よりはるかにあると思うな。

――2018年から小泉議員を中心に若手の議員が、「2020年以降の経済社会構想会議」という勉強会を始めました。

いいことだと思いますよ。若い人たちが一番選挙民に近いはず。やっぱり選挙区に帰る頻度も多いし、いろんな人のストレートな意見を聞く。大臣になんかなっちゃうと、みんな本当のことを言いづらくなる。若い議員が自分の出世ばっかり考えて、上に異を唱えない、自分の頭で勉強しようとしない、そうであれば自民党の劣化だと思っているんですね。いろんな思惑があって進次郎さんのところに集まっているんだろうけど、若い議員がイエスマンになっちゃったら党は終わりますよ。

私たちが若い頃は暴れまくって「政治改革」だと。総務会が開かれる部屋の前に、バリケードを張ったり、ね。宮澤（喜一元総理）さんの家に押しかけて、「宮澤、出てこい」とかね。

挙句の果てに不信任に賛成したりしてね。

行きすぎもあったかもしれない。でも若い人たちにそういうエネルギーがなくなったら、党は終わりだ。

――最後に、小泉議員に今後期待することは何ですか？

それは我々が気を使わないといけないと思っています。「使い捨て」にしては絶対いけない。

必ず国を担う人間だから、進次郎のためなら、それが日本国のためならというかな、そういう想いを持っている人は多いと思うんです。だから、自民党のためではない、日本国のために進次郎を「使い捨て」にしてはいけない。

まだ政務官しかやっていないから。この分野はあいつに任せろというのが2つぐらいないとダメだと思うので、その副大臣をやらせて、大臣をやらせて、ひとつの省庁を束ねるってどういうことなのかと、そういう経験を積んでもらいたいですね。

――これまでだと農業と社会保障の分野ですかね。

十分じゃないですか。あと防衛、横須賀が選挙区ですから、防衛も手がけてもらいたい。

――総裁選、小泉議員が応援してくれるといいですね。

誰が言ったからやるとか、そういう男じゃないからね。

（2018年4月25日、衆議院議員会館にて）

第5章

克己

2015年～ 日本の農業を変える

2016年10月17日、TPP特別委員会で質問に立つ

「あのときから、日本の農業が変わったと言われたい」

「ひとつ明らかなことがあります。それは今までこの農林部会で農政のためにご努力されてきた誰よりも農林の世界に詳しくないということです」

2015年10月。TPPの大筋合意を受け、自民党の農林部会長に指名された進次郎は、就任後初めての農林部会で、西川公也農林・食料戦略調査会長に紹介されると、こう就任のあいさつをした。

東北の復興や地方創生に深く関わってきた内閣府政務官の職を2015年10月に離れ、党に戻ることになっていた進次郎に与えられたポストは、まさかの農林部会長だった。

自民党の農林部会といえば、農業者や農協などの「大票田」をバックに、党内で隠然たる力を持つ農林族が集う場だ。そのとりまとめ役となる農林部会長は、従来は農林族のトップが占めるポスト。しかし、進次郎は農林族でないうえに、まだ当選3回、30代の「陣笠議員」で、当然、農業分野での経験もほとんどない。

このため、この人事は党内外に波紋を広げた。

谷垣禎一自民党幹事長は、「若い政治家が、難しい案件を処理するときの議論の進め方を学ぶには、きわめていいところ。大いに学んで、大きく成長する飛躍の土台にしてほしい」とエールを送った。また、前出の石破地方創生担当大臣も、「小泉さんの見識と行動力、現場感覚」に期待感を示した。

一方、農業分野に初めて関わる進次郎が、果たして農林族や農業団体の利害調整を行えるのか、疑問視する声も上がった。

また、当時はTPPに対する農業現場の反発が強く、翌年には参議院選挙が控えていた。そのために、「人気者を担いで、農業現場の反発を和らげるための広告塔」だという見方も多かった。もちろん大抜擢に対するやっかみや嫉妬もあったのだろう。それだけに、部会長としてTPP対策をまとめ上げることができるのか、進次郎には内外から好奇の視線と注目が集まった。

しかし、初めて出席した部会の終了後、初仕事の感想を記者から求められた進次郎は、早くも農業の現況に対する持論を展開した。

「カンフル剤のように今だけお金を配ったり、何かやってあとは効かない、みたいなことをやっちゃいけないというのは、十分みんな共有していると思います」

「あのときから日本の農業は攻めの、そして体質も変わったと言われるような、いかにそこに仕上げていけるかが勝負だと思っています」

「苦手な生トマト、最近、克服し始めまして」

記者から部会長就任の感想をあらためて求められると、進次郎はこう力説した。

「農業の可能性は大きいですよ。私は地方創生や復興も担当させてもらって、復興と地方創生、そして今の農林部会長、全部共通するのは『一次産業の発展なくして日本全体の活性化なし』と。これは共通していますから」

進次郎はこれまでの自身のキャリアにおいて、決して農業分野が未知のものでないことを強調した。

実はこの半年前の2015年4月、政府与党は「農協改革」を掲げて、「岩盤規制」の本丸、JA全中（全国農業協同組合中央会）と大バトルを演じていた。

それだけに、進次郎の部会長就任時、JA側には政府与党への不信や怒りがすでに渦巻いていたのだ。

TPP対策のとりまとめに向けて、進次郎は全国10か所以上にキャラバン隊を組み、精力的に農業現場との意見交換を行った。

しかしTPPに反対する農業の現場では、進次郎は「招かれざる客」だった。

兵庫県で行われた意見交換会では、会議の机の上にお茶と一緒にビニールパックに包まれたミニトマトが置かれていた。

進次郎が生のトマトが苦手だと知っていて、地元の農業関係者が用意したのだ。

これには進次郎も「私、実は生トマトが苦手だったけど、最近、克服し始めまして。まだ私の中では最高においしいという食レポができるくらい鍛えられていない。あとでしっかりいただいてから感想を述べたい」と話すしかなかった。

こうした反発の中でとりまとめた党のTPP対策にあったのは、「農政新時代」という言葉だった。官邸への申し入れ後、進次郎は「農政新時代」という言葉に込めた想いをこう語った。

「農政新時代という言葉に込めた想いは、まず政治が変わらなければいけないと。頑張っている生産者の皆さんでも、もういかんともしがたいさまざまな課題がありますから。まさにそれこそ政治の出番だなと、その想いをしっかり伝えたいということです」

この年末、恒例の「今年の漢字」が発表されたが、進次郎にとっては何か？と聞かれ、こう答えた。

「今年の漢字？　農業の『農』かな。もう僕の頭はそれ一色でしたね」

持続可能な農業にするための構造改革を

そして、年が明けた2016年1月18日。

農業の中長期的な政策を検討する、「農林水産業骨太方針策定PT（プロジェクトチーム）」の初会合が開かれ、委員長には農林部会長である進次郎が就任した。

このプロジェクトチームは、のちに「小泉PT」と呼ばれる。

このメンバーは、農林族の重鎮・西川公也氏をお目付け役に据え、進次郎が委員長、副委員長に福田達夫議員（群馬4区）と鈴木憲和議員（山形2区）が就任した。

福田達夫氏といえば、福田赳夫元総理を祖父に、福田康夫元総理を父に持つ政界のサラブレッドだ。1967年生まれと、1981年生まれの進次郎より一回り以上年齢は上だが、温和な人柄と商社マンとしてのビジネス経験を武器に、進次郎のサポート役になった。

もう一人の鈴木憲和氏は、農水省出身。進次郎と同世代ながら、農業分野での豊富な知識と農水官僚としての経験を買われたかたちだ。

私は福田氏に当時のことを伺うため、2018年3月、東京・市ヶ谷の防衛省を訪れた。福田氏は防衛省の大臣政務官だが、背が高く、スマートにスーツを着こなす姿は、商社マンそのものだ。一方、学者肌の一面もあり、PTの会議中にホワイトボードを使って説明する様子を指して、農水省の官僚たちは「福田塾」と呼んでいた。

「この改革を進めたのは、小泉部会長と農水省の奥原正明事務次官、齋藤健農水副大臣のトライアングル。そして、その真ん中にいたのが菅官房長官、応援団に西川公也調査会長です」

改革の布陣をこう説明したうえで、福田氏は小泉PTの意義について語り始めた。

福田達夫議員

「小泉農政が目指す改革は3つでした。1つ目は、『猫の目農政』を廃すること。そのために長期目標を2050年に設定しました。2030年だと近すぎるのです。2つ目は、過度な政治の介入を廃すること。つまり、補助金を減らすことです。そし3つ目は、農業を産業にすることです。

日本の農業の最大の問題は、人材が入ってこないことです。10年以上にわたって、毎年数万人単位で農業従事者が減っている。稼げないから入ってこない。これは『鶏と卵』です」

さらに福田氏は、小泉PTが目指した農協改革の必要性についてこう述べた。

「マクロよりミクロ、つまり答えは単協（※市町村単位の農協）にあります。最も現場に近い単協の職員が、より深く市場経済を理解し、その視点で農業者の課題を解決する力を強めてもらう。そうすれば、JAが政治家に圧力をかければよかった時代から、JA全体のあり方が変わる。たとえば全農であれば、海外の生産拠点を買収したり、そこを拠点に新たな商流を構築したりということです」

もう一人のサポート役である鈴木憲和氏は、小泉PTが立ち上がった頃をこう振り返る。

「僕は役人出身なので役所の理屈はわかりますけど、民間の理屈は肌で感じたことがそんなにありませんでした。ですから、商社出身の福田先生と組んで、２人のバランスがよかったなと思います」

このＰＴは２０１６年７月の参院選で中断したが、10月に本格的に再始動した。進次郎は農業の現場を精力的に視察し、「持続可能な農業」を目指して農業の構造改革を訴えた。さらにこの年、安倍総理は「関係業界やＪＡ全農のあり方を予断なく見直す」と述べ、農業・農協改革の狼煙を上げた。

「農業の世界の当たり前が理解できません」

小泉ＰＴで配布された資料の中に、１枚のペーパーがある。進次郎が事務方に作成を指示した、いわゆる「小泉ペーパー」だ。ペーパーには、日本と世界の人口と飲食料市場の規模を、現況と２０５０年予測で比較

鈴木憲和議員

しているデータがある。それによると日本の人口は、現在の１億２７００万人から、２０５０年には９７００万人と24％も減少する。人口減少と高齢化に伴い、２０５０年の飲食料品の市場規模は縮小する見通しだ。

一方、世界を見ると、人口は現在の73億人から３割増えて97億人となる。飲食料品市場も、当然拡大する。

加えてペーパーには、日本の農林水産業が「GDP世界10位」であるにもかかわらず、農産物の輸出額は「世界60位」であると記されている。

このペーパーで進次郎が言いたいことは明らかだ。

「日本の農業は、世界に打って出ないと未来

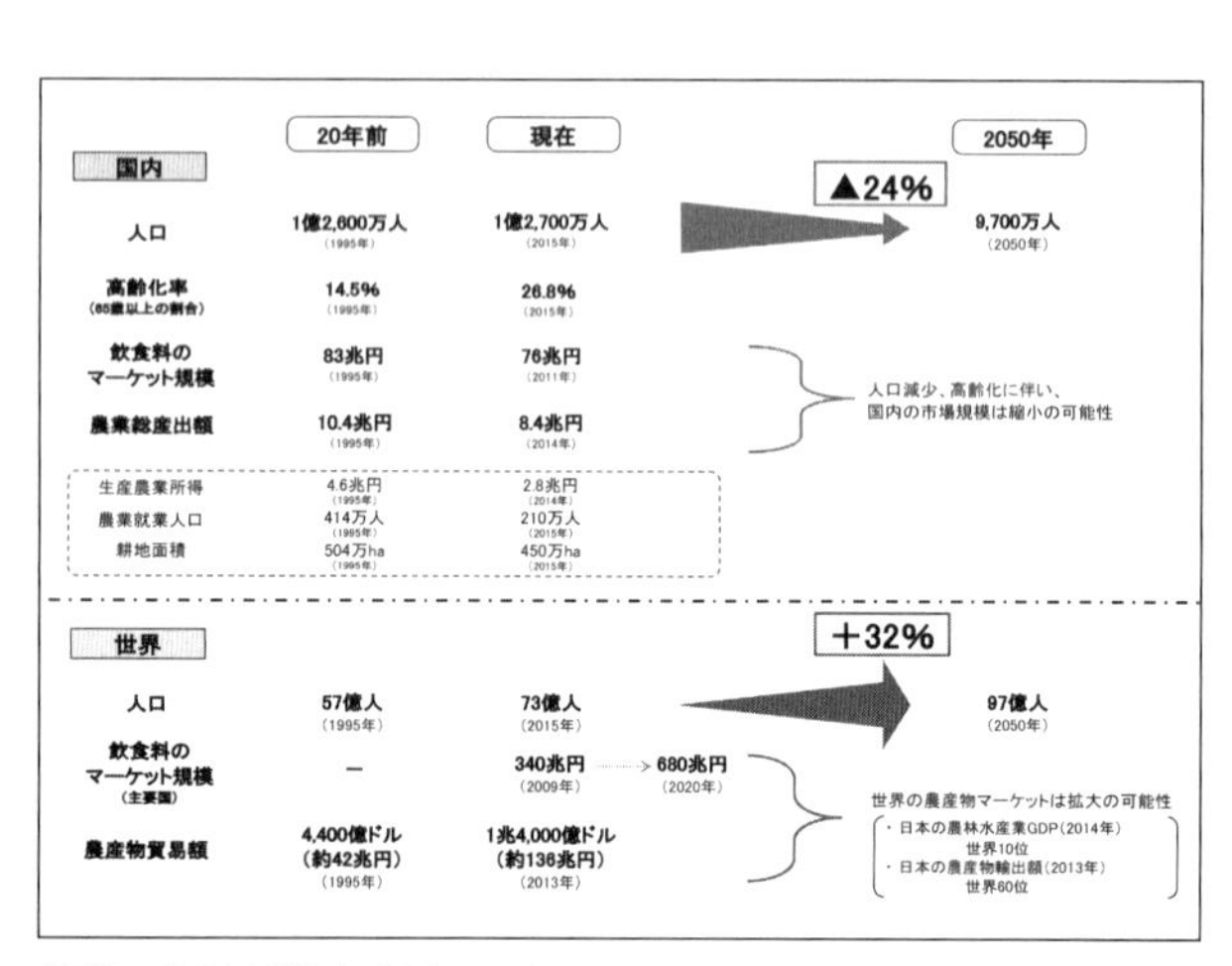

2050年の未来を予測した「小泉ペーパー」

がない」と。

では、農業が「持続可能」で「儲かる」ためにはどうしたらいいか？

この年の10月、国会のＴＰＰ特別委員会で質問に立った進次郎は、日本の農業の現状を憂いこう語った。

「今までと同じように農業をやっていれば日本の未来は明るいのかと言われれば、それは違うと思います。日本の農業の総生産額は、この20年間で11兆円から8兆円に減り、農家の皆さんの総所得も5兆円台から2兆円台に減り、耕地面積は50万ヘクタール失われました。平均年齢は農家の皆さん67歳、コメ農家は70歳。つまり一言でいえば、今の日本の農業の状況は、持続可能性を失ったと思います」

進次郎は、「だからこそ農業の構造改革をやらなければいけない」と強調した。

農業従事者は「農家」ではなく「農業経営者」でなくてはならない。しかし、それを阻害しているのが農協だと、進次郎は言う。

「私は農林部会長になって、農協の皆さんと向き合うなかで、今でもわからない根本的な疑問があります。農協の皆さんは協同組合ですから、協同組合にしかできないものがあります。それが共同購入です。だったらなぜ、農協よりホームセンターのほうが安いものがあるという現状が生まれるのでしょうか？

農業の世界では当たり前なのかもしれませんが、私にはその当たり前が理解できません。1円でも安く、必要なものをどこからでも自由に買うことができて、経営感覚を持って自由な経営が展開できる。まさにそれこそやらなければいけない構造改革だと思います」

質問を終えた進次郎は記者団に対して、農業改革の意義をあらためて語った。

「農業の世界の今までのやり方のマインドを変えるというのは、（失われた）20年どころの騒ぎじゃありませんから。今までの日本の農業、農協は、自分でできるやつは放っておけと。これからは頑張っている若い人に合わせて、組織をどうやって変えていけるのかということを考えてもらわなかったら、日本の農業に未来はないと思う。

それだけ農協は組織が大きいし、できることがいっぱいあるから。今やっている（農業改革）のは、農協をつぶすことではなくて、このまま放置していたらつぶれちゃうからつぶさないように考えているんです」

「振り返ると『負けて勝つ』の思いだ」

進次郎が指摘するように、国内の肥料や飼料など生産に必要な資材や流通コストは高い。ＪＡの流通を牛耳る全農が、独占的な立場であるがゆえに、高コスト体質が改善されないのだ。

農業改革の本丸を、生産・流通コストの見直しと位置づけた進次郎だが、ＪＡ側からは「これでは農業改革ではない。農協つぶしだ」「小泉ふざけるな」と反発の声が上がった。さらに、政府の規制改革推進会議が高いハードルを設定したことなどで、ＪＡとの交渉はいっそう混迷を深めた。

ＪＡ側との激しい議論の末、農業改革は決着した。

政府が正式決定した「農業競争力強化プログラム」では、生産資材価格の引き下げや流通・加工の構造改革などが盛り込まれた。しかし、改革のスピードについては、ＪＡ全農の今後の判断に委ねることになった。

この改革を一部メディアは、「骨抜き」「失速」と酷評した。

決着を受けて進次郎は、「のむところはのんだが、譲れないところは譲らなかった。自分なりに振り返ると、『負けて勝つ』の思いだ」と語った。

一方で進次郎は、「すべての評価は受け止めるが、プロジェクトチーム（小泉PT）が始動する前と今では、今まで登ることがなかった山に足を踏み入れたと思う」と述べた。

これまでも進次郎は、JA幹部との意見交換会のなかで、「山は登るほど空気が薄くなって厳しいけれど、みんなで頂上目指して頑張りましょう」と呼びかけ、この改革を「山」にたとえてきた。

さらに進次郎は、決着前夜のことを、「私なりにさまざま苦しんだことは事実だ。昨日の夜は、もうこの山を登れないと思った瞬間もあった」とも語った。農林部会長に抜擢されてほぼ1年、JA側との激しい攻防のなかで、進次郎は政治の修羅場を経験した。

「いわゆる抵抗勢力がどんな手法を使うか、政治の戦場とは何かがよくわかった」

進次郎は、苦しかった日々をこう振り返った。

年が明けた2017年3月、JA全農は自己改革プランを発表した。

説明会後、進次郎は記者団に対して、「変わろうという意欲の表れはあると思う」とプランを評価しながらも、「農業に残された時間は少ないですから、その危機感をどう共有できるかだと思う」と、くぎを刺した。

さらに記者から「一段落というわけにはいかない？」と質問されると、「まだまだいっぱい壁はありますよ。これは終わりませんね。ずっと見続けてチェックしていきます」と言葉に力を込めた。そして「かつてだったら全農改革を俎上に載せることもできなかったと思う。私がやっていることは票が減ることですから。それは農業のためには必要なので」と、改革を続ける必要性を強調した。

かつて日本の農業は、「外圧」が入るたびに、補助金がばらまかれた。しかし、農道は整備されても、農業従事者の生活は楽にならず、日本の農業は衰退の道を歩んできた。進次郎はそうした農業・農協という岩盤に、まさにドリルで穴をあけた。

「農業者の皆さんのために、ぶったたかれても、JAグループから矢がいっぱい飛んでこようとも、（農業関連の）大会に行って『帰れ』コールをされても、エールに聞こえるようになった。長いお付き合いを、農業界の皆さん、よろしくお願いします」

進次郎は次なる「宣戦布告」で、この会見を締めくくった。

修羅場で見せた進次郎の交渉術と度胸

では、不可能だと思われていたこの改革を、進次郎はなぜやり遂げることができたのか？　ＪＡ全中の奥野長衛会長は、ＪＡ側の代表として親子ほど年齢の差がある進次郎と二人三脚で改革を進めてきた。決着直後、奥野氏はフジテレビの単独インタビューにこう答えている。

「（進次郎は）非常にまっすぐな方。しかも非常に努力する。ただ、お父さん譲りなのか、ワンフレーズでぽんと言うところがあって、勉強の途中なのに『こうだ』とパッといくので、『それはちょっと意味が違う』と私が言うと、修正してくる（笑）。また、確証をとるため現場に行く。これは強い。その真面目さがある」

また、進次郎を支えてきた鈴木憲和氏は、進次郎の発信力こそ、改革が進んだ要因だと言う。

「世論の後押しもあったし、メディアの皆さんも報道してくださった。農業の話があんなに報道されたのは、世の中で初めてじゃないですか？」

一方、小泉ＰＴで最もＪＡ側の抵抗が激しかった生産コスト削減で、汗をかいた参議院議員の中泉松司氏（秋田選挙区）は、進次郎の柔軟な交渉術に驚かされたという。

「進次郎さんて『喧嘩師』ではないです。喧嘩して決着つけるというより、デリケートな部分に突っ込んでいって、問題点はこうですよね、とやる感じです。ＪＡ側の人は、進次郎さんが喧嘩するつもりで来ているんだろうと身構えているのですが、進次郎さんは喧嘩するつもりでやる人ではなかったですね」

小泉ＰＴで主査として「縁の下の力持ち」的な立場だった参議院議員の上月良祐氏（茨城選挙区）の地元は、農業県である

中泉松司議員

茨城県だ。改革当初は地元の反発も予想され、進次郎からＰＴへの参加を打診されたときは一瞬、躊躇したという。

「最初、小泉さんから電話がかかってきたときには、うー大丈夫かなと思ったけど、返事を待ってくれというのは、政治家としてどうなんだろうと、1、2秒、頭の中で考えて即答しましたよ。やりましょう、わかりましたと」

元総務官僚である上月氏は、ＰＴを支えた農水省の若手官僚の「兄貴」的存在でもあった。

「いずれ総理になられる方ですからね。だから（農水省で組織された）若手チームにも言っていたんですよ。今、小泉さんと一緒に仕事できるというのは本当に貴重だから、とにかく一生懸命働こうと」

上月氏は、進次郎の魅力は、修羅場での強さにあるという。

「本当に大変な作業でしたが、彼（進次郎）がいると明るくなることが不思議でしたね。

上月良祐議員

若いというのもあるし、もともとのキャラもあるし、本当に頭の回転が速い。そこがすごいところだなあと見ていました。しかも修羅場に強く、度胸があって、直接相手の懐に飛び込んでいく。やはりＤＮＡというか、親父さんからいろいろ聞いているんでしょうね」

「議論できる若手を選定してほしい」

進次郎の改革を陰で支えてきたのが農水省の若手官僚チームだったのは、あまり知られていない。

ＰＴ発足時に、進次郎は森山裕農水大臣のもとを訪れて、「議論できる若手を選定してほしい」と頼んだ。

当時の事務次官が選んだ「生きのいい、小泉さんと同世代」の若手官僚は15人程度。本書を執筆するにあたり、「チーム小泉」と言われたこのメンバーに取材依頼をした。当初は渋い回答も予想していたが、６人（男性３人、女性３人）から快諾を得た。集まったメンバーは懐かしそうに当時を振り返った。

——なぜ小泉議員は若手を選んだのでしょう？

A：同世代で議論しやすいと思ったんでしょうね。

B：部会長（※メンバーは進次郎を「部会長」と呼んでいる）という立場だと、農水省では局長クラスが行くんですよね。ただ、そうするとそこでディスカッションというよりは、「政策はこうなんです」というレクになってしまいます。だから部会長は、「土日も含めてディスカッションできる人を選んでほしい」と。

C：部会長は、ゼロベースで議論したいという希望が大きかったですね。「週末練」といって、朝8時に議員会館で。「私服でいいよ」と言うから、みんな私服で集まったら、部会長だけがスーツ姿で、あれ？みたいな（笑）。

D：部会長も、「農業・農政については素人、これから勉強する」というので、一緒に勉強したという印象です。

——集まってどんなことを議論したのですか？

A：最初の頃は毎週でした。部会長はすごく勉強されて、農水省の幹部が説明に来たときに疑問に思うことがあると、「本当にそうなのか」と週末にみんなで議論して。

B：普通、役所だと上司の了承を得た見解を出すのですが、我々は事務次官から「私見を言っていいよ」と言われていたので、みんな「私見ですけど」と言いながら意見を出していました。

C：公式見解を言う立場が多かった私たちからすると、新鮮で。だから頭を使いましたね。

F：まさにゼロベースの議論でした。

B：我々の従来の政策手段は補助金をいくらつけるかでした。生産資材となると、「ブツは経産省ですね」というところから始まったんですけど、「それだけが政策ツールじゃないだろう」と部会長が示してくれて。それが一気に浸透して、我々の省自体が変わったと思いますね。

――省内での上司の反応はどうでした？　何をやっているか教えてくれ、といった探りはありましたか？

A：あったね～（一同爆笑）。

B：たまに偉い人から、「最近、（チーム小泉は）何を勉強しているの？」と聞かれたりしました。

Ｃ：部局の雰囲気にもよるのか、私の場合は、たぶん気にはなっていたのでしょうけど、「何をしゃべったんだ」などとは聞かれませんでした。

「まだまだ伸びる余地はあるよね」

このチームでは、小泉ＰＴの議論に合わせて、生産・流通コストなどさまざまな日本の農業の課題について議論を行った。一方で進次郎は、農業のテクノロジー活用の可能性など、湧き上がる問題意識を若い官僚たちに容赦なく投げかけた。

しかし、若い官僚たちは当惑するのではなく、むしろそれを楽しんでいたことが話からもうかがえる。実際、このチームの議論から、具体的なプロジェクトも生まれた。

――具体的な議論の内容について教えてください。

Ｃ：生産資材の価格について、部会長は「なんで農業資材にはカカクコム（※パソコンや家電など商品やサービスの価格情報を提供する、国内最大規模のインターネット比較検索サイト）がないの？」と。

A：すぐカカクコムに行って（笑）、「小泉さんがこういうことを言っています。農業資材を扱いませんか」と。カカクコムの人たちは、「我々は役所からは、デフレの元凶だと怒られたことしかないのに」と、すごく喜んで。

E：部会長の一言から、「AGMIRU（アグミル）」ができたんです。これは農業従事者で売りたい人と買いたい人が登録して、農業資材を売り買いするというマッチングサービスですね。

F：「アグミル」を立ち上げるときには、カカクコムにもアマゾンにも楽天にも、「全部情報を渡しますので、つくるならどうぞ」と。

――農業資材の流通は、JA全農が独占状態ですよね。このアグミルって、農水省が全農を中抜きするように見えますね（笑）。

B：するどい（一同爆笑）。

A：全農は当初は高をくっていたんですよ。登録者数は今4000ですが、2000から3000になってきたら、急に「国がこんなのに肩入れをしてもいいんですか」と原理原則になってきて。

C：部会長が「もっと知ってもらわないとダメだ、広報しよう」と。

B：上月（良祐）先生と一緒に、日比谷でチラシを配ったりしましたね。

――小泉議員は、AIやロボットの活用に、すごく注目していますよね。

B：草刈り用の「ルンバ」を作ろうという話も出てきました。「ああいうの欲しいよね」と。

F：いきなり言われて、担当局長が「できます」と返事してしまって（笑）。

B：部会長は「やはり農業の技術革新て、これからすごく進むんだよね」とか、「まだまだ伸びる余地があるよね」という発想から入るので、「こういうのってできるんじゃないの？」と。

C：部会長はテクノロジーが好きですよね。

A：ウーバーとか。シェアリングエコノミーの農業版とか。「トラクターは稼働時期が短いので、みんなでそれをシェアできないか」とか。

「アボカド奪還プロジェクト」

実は本書で初めて公開される資料がある。

この若手チームが、小泉PTのもとで作成した、世界と日本の農業の未来を大胆に予測したものだ。未来を2050年に定めて、人口推移や気候変動、技術革新などのファクターを織り込んでいる。資料は膨大であり、ここでは残念ながら一部しか紹介できないが、彼らの熱い想いが伝わってくるものだ（次ページ参照）。

――この資料を作ろうとしたのは、どなたの発案でしたか？

E：部会長かな。もともと内閣府の政務官でいらっしゃったときに、「選択する未来」委員会という審議会があって、50年後の日本の姿を議論していました。部会長はそれが頭にあって、2050年の農業のあるべき姿というのを議論しようと。

D：我々が政策をつくるとき、予算は1年ごと。基本計画でもせいぜい5年、10年というスパンでやっているなかで、2050年と言われて。世の中では当たり前ですけど、政

世界の人口の推移と見通し

○世界の人口は74億人(2015年)から97億人(2050年)へ約32%の増加。

地域別の世界人口の推移と見通し(億人)

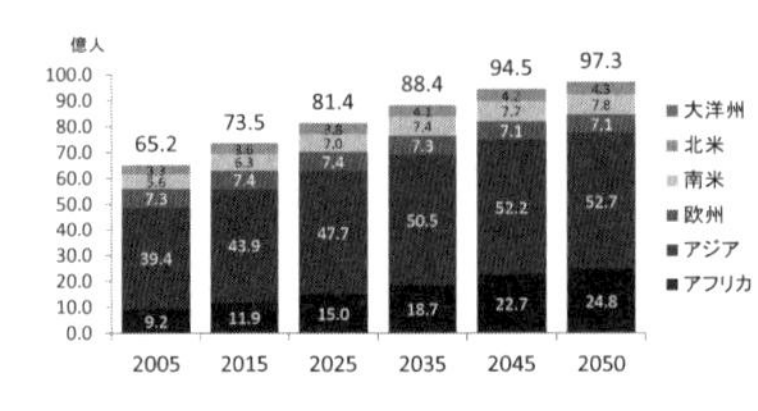

2050年の人口上位10カ国(億人)

	2015	2050
インド	13.1	17.1
中国	13.8	13.5
ナイジェリア	1.8	4.0
米国	3.2	3.9
インドネシア	2.6	3.2
パキスタン	1.9	3.1
ブラジル	2.1	2.4
バングラディシュ	1.6	2.0
コンゴ民主共和国	0.8	2.0
エチオピア	1.0	1.9

出典:国連 World Population Prospects, the 2015 Revisionより作成

世界の食料需要見通し

○世界の食料需要は途上国を中心に増大(穀物:1.5倍、食肉:1.8倍)

世界の穀物需要の見通し

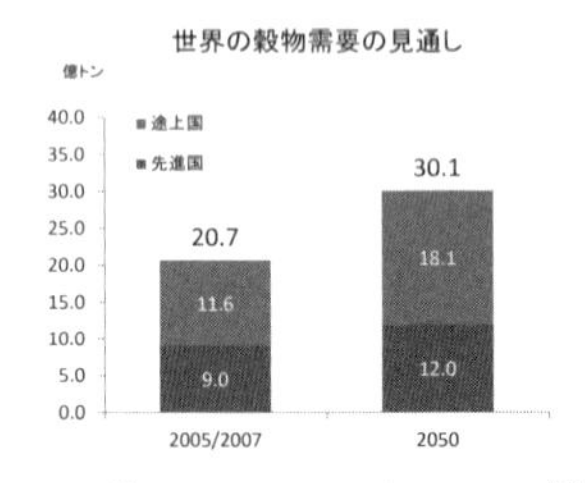

世界の食肉需要の見通し

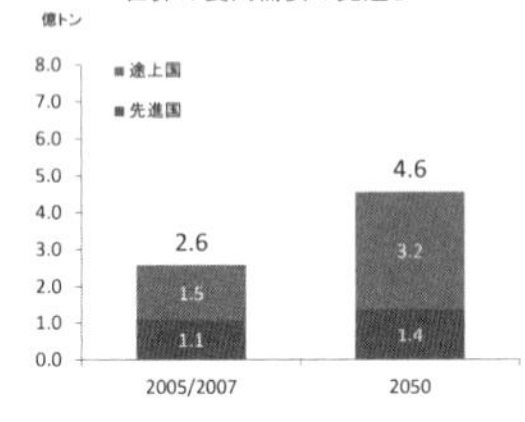

出典:FAO, World Agriculture towards 2030/2050, the 2012 revision より作成

気候変動が果樹生産に与える影響

○ ウンシュウミカン、リンゴなどの主要果樹では、温暖化に伴い、栽培適地の北上や沿岸部から内陸への移動が予測されている。

資料：(国研)農業・食品産業技術総合研究機構

主な果物の輸入額

○生鮮果物の輸入は、バナナが圧倒的な1位。上位品目のうちキウイフルーツを除いて国内生産はごく僅か。

生鮮果物の輸入額(2017年)

順位	果実名	輸入額(億円)
1	バナナ	950(31.8)
2	キウイフルーツ	349(11.7)
3	スイートアーモンド	249(8.3)
4	アボカドー	230(7.7)
5	くるみ	165(5.5)
6	パイナップル	140(4.7)
7	オレンジ	138(4.6)
8	カシューナット	121(4.0)
9	レモン	114(3.8)
10	グレープフルーツ等	103(3.4)
	上位10品目以外	432
計		2,991

※カッコ内は計に占める割合(%)

出典：財務省貿易統計から作成。
注：スイートアーモンド、オレンジ、カシューナット、レモン、グレープフルーツには乾燥も含む。

左記上位品目の輸入量、国内収穫量(2015年)

果樹名	輸入量(t)	国内収穫量(t)
バナナ(生鮮)	958,800	162
パイナップル(生鮮)	150,598	7,660
キウイフルーツ(生鮮)	78,648	27,800
グレープフルーツ等(生鮮・乾燥)	100,960	11.0
アボカド(生鮮)	57,588	4.8

出典：財務省貿易統計、農林水産省果樹生産出荷統計、特産果樹生産動態等調査から作成。

資料提供：農林水産省

策でそこまでやることはないので、こういう機会を持たせてもらったのはすごくありがたかったです。

B：2050年に世界はどうなっているのか？　なかでも日本はどうなのかを考えようと、すごく言われました。気候変動などもそうですけど。

C：福田（達夫）先生も部会長も、「こういうのを残したいよね」と言っていたのですが、結局、部会では農協改革が炎上して、出せなくなってしまいました。

B：部会長は、「食料事情など2050年を考えるうえで、必要なファクターを拾ってくれ」と。

A：部会長は気候変動に関心を持っていて、「どこで何ができるようになるの？」と。この資料を見て、「ミカンがもっと北のほうで生産できるようになる」とか、「リンゴが北海道でどんどん作れるようになる」とか。北海道を「アップルランド」と呼んで。確かに2060年代には、北海道のほぼ全域がリンゴの適地になるという予測です。

C：そうすると「輸入している食べ物は何ですか？」と。で、「バナナを作ろう」と。実際、鹿児島や岡山では作り始めているんですよね。寒くても作れるバナナとか。

B：2050年になるといろんな要因が変わっていくので、日本の農業もだいぶ変わります。「こういうのを国産で奪還しよう」と。「アボカド奪還プロジェクト」とか、半分妄想だけど半分真面目に（笑）。

A：技術面ではけっこう真面目でしたね。

C：見越していかないとね、できる、できないを。部会長は「嘆くよりも対応する」とよくおっしゃってましたね。

「チーム小泉」は、「チーム2050」に

――最後に一言ずつ。あなたにとって小泉議員とは？「チーム小泉」で得たものは何ですか？

D：小泉さん、かっこよかったです（一同爆笑）。一緒に勉強できて光栄でした。それに尽きます。もし今後、農水大臣や総理になったらみんな全力でお支えします。そういうことを期待させる人です。

B：将来の総理候補みたいな先生方とこんな距離感でお話しできるのも貴重でしたし、皆さん意欲的で、それぞれおっしゃる視点は違うんですけど、すごく面白かったです。

C：一緒に議論するなかで自分の行動自体も変わったなと感じています。経産省や財務省、外交に関心を持ってくださる若手議員はいらっしゃるけど、農業は一部の地域出身の議員だけ、というのがありました。しかし、そういうイメージのない先生が、「農業は大事だよね」と言ってくださるのが、心強くてうれしいなあと。

D：今まで自分は上から言われて仕上げるということをやっていたんですけど、これからは頭を使って自分で考えることを、常にやると。仕事の進め方、取り組み方がかなり変わりました。自分の目線が農業だけではなく、広い視野を持てるようになったと思います。

E：部会長とお付き合いして、役所全体も変わってきたなという感じがして。当初は「何をあの若造が」という雰囲気があって、幹部も「どうせまた1年くらいで代わるんだろう、好きなこと言わせておけ」と捉えている空気がありました。しかし、私たちをうまく使って、直球勝負で局長連中ともお付き合いしていくなかで、幹部もマインドが変わっていったなと。

F：最初は「勉強に付き合ってあげた」みたいなところはありましたけど、「勉強させてもらった」という思いが大きいですね。僕らの間で、「これで終わらせちゃいけないよね」とか、「若い人たちとも共有しなければいけない」という思いが大きく残っています。一過性じゃなくて、心の中で炎がずっと消えないなと思っています。……なんだかしゃべり方が部会長に似てきたような気がする（一同爆笑）。
B：そういえば部会長には言葉の選び方をよく注意されましたね。私たち言葉が長いから、「一言で」と。ワンフレーズじゃないけれど（笑）。

私はこれまでさまざまな霞が関の官僚を取材してきた。

若い官僚であっても「官僚答弁」的な答えを繰り返す方も多く、取材しながら時にうんざりしたものだ。ところが、今回の取材を通して、「ここまでオープンで、明るい官僚は初めてじゃないか」と感じた。

私は最後に、「チーム小泉は解散しましたよね」と聞いた。

すると彼らから「していないです。続いていて、さらに拡大している」という答えが返ってきた。

「チーム小泉の意思を継ぎ、今は『チーム２０５０』と言ってます」

「チーム小泉」は、組織上は解散したものの、その精神がかたちを変えて次世代に引き継がれ、根づいていく。

農業改革で進次郎は、たしかに霞が関に「消えない炎」を残した。

第6章

試練

2016年〜

人生100年時代へのグランドデザイン

2017年3月29日、小泉小委員会が「こども保険」の導入を提言

「今の子どもの半分は100歳まで生きます」

「今、9歳の子どもの50％は100歳まで生きます」

2016年10月、早稲田大学で開催された政治講座にゲスト講師として招かれた進次郎は、集まった学生に対してこう言った。

この講義の前半、進次郎はこれまで自身が携わってきた復興支援や農業改革について、パワポを使いながら語っていた。

しかし、話題が社会保障制度改革に及ぶと、言葉ががぜん熱を帯びてきたと私は感じた。なぜならその前日、進次郎は自民党の若手議員らとともに、「人生100年時代の社会保障へ」という提言を発表したばかりだったからだ。

「人生100年時代の社会保障へ」の中で、進次郎たちはこう言っている。

「2020年以降は『人生100年を生きる時代』になる。わが国の社会保障は、『20年学び、40年働き、20年老後を過ごす』時代に形成された。これからの社会保障は、いろいろな『人生のレール』に対応していく必要がある」

そして、進次郎らは3つの新たな社会保障制度を提言した。

1つは、「勤労者皆社会保険制度」。正規雇用者だけでなく、労働者全体を対象にした社会保険制度の創設だ。

2つ目は、「長く働くほど得をする年金制度」への改革。年金受給開始年齢の柔軟化だ。

そして3つ目は、「健康ゴールド免許」の導入。健康管理に努力した人にはゴールド免許を与え、診察料の自己負担が軽減されるという仕組みだ。

講義で進次郎がこの3つを説明し終えると、学生から「人生100年時代」の働き方や生き方についての質問が相次いだ。

ある学生は、高齢者が働き続ける社会について、「若者の職が奪われるのではないか？」「高齢者が増えると企業内に活気がなくなるのではないか？」と質問した。

これに対して進次郎は、「会社によってはそうなるかもしれないが、今後は兼業や副業を認める企業が増えるので、高齢者も一企業にとどまらなくなるだろう」と答えた。

また、別の学生は、「そもそも100年も生きたくない人は、どうすればいいのか？　認知症になった人も100年生きなければいけないのか？」と、人生100年時代に対して不安を訴えた。

これに進次郎は、「IoTやロボットなどのイノベーションによって、これからの高齢者像は『こういう100歳ならいいよね』というふうに変わるのではないか」と答えた。

この提言は、「一時的に痛みを伴う改革から逃げてはならない。国民の理解を得て、必要な改革を断行すべきだ」という言葉で締めくくられている。

しかし、進次郎らが作り上げた「改革案」は、政府に採用されることはなかった。

やがて大きな挫折を味わうことになるのを、このとき、まだ進次郎は知らない。

「世界に誇れる社会保障を次の世代にも引き継ぐ」

進次郎が提言をまとめたその前年、2015年12月に話を戻す。

政府が提出した補正予算案に突如、低所得の高齢者向け3万円の給付金が盛り込まれた。2016年夏に参議院選挙を控えたタイミングだったため、野党は当然のことながら「選挙対策のばらまきだ」と批判した。さらに、自民党内からも批判の声が上がり、なかでも激しく反対したのが進次郎ら若手議員だった。

進次郎らの声を押し切るかたちで自民党が3万円の給付金案を了承した日、進次郎は記者団にこう語った。

「私としてはこの問題は、連日考え直すべきではないかという話をさせていただきました。やはり予算はメッセージですから、その政治のメッセージが正確に伝わってほしいと。これからの社会保障は、配るばかりのいい話はできない。厳しい話もしなければいけない。それはなぜかといえば、日本が世界に誇れる社会保障を、次の若い世代にも引き継いでいくためなんです。

だとしたら発しないといけないメッセージは、『これからの自民党の社会保障は、高齢者ばかりを見ていた時代のものではなく、若者を含め次の世代に、未来につないでいくんだ』と。そのメッセージをしっかりと込めてもらいたいと」

年が明けて2016年2月、稲田朋美自民党政調会長のもと、党内に「2020年以降の経済財政構想小委員会」が設置された。この小委員会の事務局長に指名されたのが進次郎だ。

党としては、選挙権年齢が引き下げられる参院選を前に、人気者を前面に立てて若者を取り込みたいという思惑や、「反対する以上は、対案をまとめ上げてみろ」という意図があったのだろう。この指名を受けて、進次郎は記者団に対して、「やはり政治家には言ったことに責任が伴いますから、あれだけ3万円の問題に毎日反対をして考え直すべきだと言ったので、しっかり汗をかくと。事務局長の仕事は汗をかくことですから」と答えた。

当時、進次郎は農林部会長として多忙を極めていた。

「二足のわらじとなるわけだが？」と記者が質問すると、進次郎は、「『最後は人』ということも同じですし、若者もそうですし、人口の問題だってそうですし。相乗効果を発揮できるように、与えられた立場で、全力で頑張ります」と宣言した。

「2020年以降は、『株式会社日本』の第二創業期だ」

この小委員会は、「小泉小委員会」と呼ばれ、当選3回生以下の若手議員（参院は当選1回生まで）約20人で構成された。進次郎は小委員会の設立目的をこう述べた。

「2020年以降の日本のあるべき姿を考えようと。2020年以降を考えたときに、人口減少の社会的な負のインパクトは、今よりもさらに進みます。そういうなかでも、夢と希望をもった日本の将来を考える。2020年以降の日本を『第二創業期』ととらえて、新しい社会をデザインするんだと。わくわくするような前向きな議論を、しっかりやりたいですね」

「第二創業期」という言葉の意味を、進次郎はこう説明した。

「仮に戦後の時代を第一創業期だとすると、『株式会社日本』は、政治の安定、経済発展、そして世界一長生きできる国、これはもう大成功だったと思う。しかし、そのときの安心の基盤だった国民皆保険、皆年金、終身雇用、年功序列が、２０２０年以降の『株式会社日本』の第二創業期に、同じような発展の基盤になるのか。そこは自由に考える必要があるのではないか」

さらに進次郎は、「次世代のほうが将来への不安や不透明感がより強い」と述べて、その理由を２つ挙げた。

一つは、「技術革新のスピード」だ。

ＡＩ＝人工知能、ＩｏＴ、ロボットの進化によって、雇用と生活がどう変わるのかが見えない。

もう一つが「人生１００年時代」だ。

次世代は１００年生きることを考えないといけない。彼らは「現役時代によほど生産性の高い仕事をしていないと、老後を安心して暮らせない」のだ。

進次郎は、少子高齢化が進むなか、「もう一度常識を疑ったほうがいい」と言う。

「たとえば今の『65歳から高齢者』という定義も変えてみれば、日本の景色が変わります。生産年齢人口が15歳から64歳というのも、本当に15歳からなのか、64歳が上限なのか。今の延長線上ではない、新しい未来がきっと見えてくるんじゃないかなと思います」

「これ、一言でいうとこういうことね」

小泉小委員会は、委員長に橘慶一郎議員（進次郎と当選同期）、事務局長に進次郎（のち委員長代行に昇格）のほか、進次郎とともに臨時給付金を批判した村井英樹議員（埼玉1区）、参議院からは山下雄平議員（佐賀選挙区）ら進次郎と同世代が主要メンバーとして加わった。

村井氏は、小泉小委員会の立ち上げ当時をこう振り返る。

「小泉さんとは小委員会が始まる直前までは、そんなに付き合いが深かったわけではなくて、多くの自民党議員のお互い一人という感じでした。補正予算案の高齢者への3万円給付金のときに、一緒に反対したところから、この小委員会が立ち上がって、一緒に仕事をするようになったんですね。稲田政調会長が、若手議員で将来を構想するような会議をつくりますと。そこで、小泉さんと『どうやっていこうか』という感じでした」

村井氏は、元財務省の官僚で、在職中にハーバード大学大学院に留学。帰国後、一般公募で出馬した。

「私、財務省に留学費用を返還した第一号じゃないかな。留学直前にそういう法律ができて、日本に戻ってきて1年半で辞めたので、返せと。しかももらえる退職金の5倍以上返さなきゃいけないのにはびっくりしました（笑）」

小委員会では、進次郎を村井氏とNTTドコモ出身でデジタルに強い小林史明議員

村井英樹議員

（広島7区）の2人ががっちりサポートし、その様子を見た他の議員から「助さん・格さん」と言われることもあった。

「黄門さまがだいぶ強いですけどね（笑）。基本的には黄門さまあってこそですから。いろんな説明をしていると、『これ、一言でいうとこういうことね』と、私の10分間の説明を5秒で言う。ものすごい的確なことを言うから、この人すごいなと、最初の頃から思っていました。歳は小泉さんが私より1つ下。それはもう天性のものですよね」

さらに村井氏が驚かされたのは、進次郎の勉強量だ。

「演説のうまさは門前の小僧という面もあるでしょうけど、努力もすごい。本もめちゃくちゃ読んでますよね。自分と向き合う時間が、結構長いのかなと思います。いつも頑張りすぎるくらい頑張っていますね」

「業界団体丸抱えの人はやめてください」

また、同じ立ち上げメンバーの山下氏は、当初、進次郎とはまったく付き合いがなかったという。

「この小委員会が設立されたきっかけは、稲田政調会長のときに3万円の給付金の件で、小泉さん、村井さんたちが『次世代のために政策をお願いしても予算がないと言いながら、党として議論していない、低年金者にカネを配る話はありえない』と言って、がんがん反対したことでした。

それまで小泉さんとはまったくお付き合いがなかったので、小委員会のメンバーの立ち上げのときに、『山下さんも役員に入って』という連絡があって、『何で僕なんだろう？』と」

実は山下氏は時事通信と日経新聞で記者としての経験があるが、当時、新聞への消費税の軽減税率適用に反対した若手の急先

山下雄平議員

鋒だった。

「そのとき思い当たったのは、軽減税率の件かなと。僕は税調（２０１５年12月の自民党税調小委員会）で、新聞の軽減税率適用に絶対反対だと発言したんですね。これが誘われた理由なのかなと思ったのは、小委員会に入って、他に参議院の誰を小委員会に入れようか相談していたときに、小泉さんから『業界団体の丸抱えみたいな人はぜひやめてください』と言われたんですね」

進次郎は、特定の業界や団体の利益のために働く議員を排除したかったのだろう。

「僕は新聞業界出身でしたけど、新聞業界にとって面白くない話を主張していました。ですから、『自分はこの業界の出身だからここには甘い』という人ではない人を入れたいんだなと思いました。自分は軽減税率のときにかなり反対しましたが、小泉さんが今でも軽減税率について反対の声を上げているのはうれしいなと思います」

こうして、志を同じくした若手議員による、日本の社会保障の未来を変える試みが始まった。

「65歳は高齢者なんてもうやめよう」

議論の中間報告は「レールからの解放」と題され、約2か月後の4月に発表された。これまでの日本社会のあり方、人々の生き方を一本道の「レール」にたとえたうえで、価値観が多様化する現代では逆に「この国の閉塞感につながっている」と指摘。「もっと自由に生きていける日本をつくるために、政治がその『レール』をぶっ壊していく」と宣言している。

これまでの自民党の部会や委員会の報告書とは一味違う、明快で刺激的な言葉が並び、さまざまな方面に強いインパクトを与えた。

特に「ぶっ壊していく」という言葉遣いは、進次郎の父・純一郎氏の「自民党をぶっ壊す」を連想させるものだった。

中間報告の記者会見での質疑応答で、進次郎はこれからの国づくりについて持論を語った。

「人口は当面減るんだから、嘆くよりもそのなかで何ができるのかという発想をもって、国づくりをしていかないといけない。僕は景色を変えなきゃいけないと思ったんです。人口が減って、労働力人口が減ってという『減る減る』という景色も、もしかしたら見方を変えれば違う景色に見えるんじゃないか」

ここで進次郎は、労働力を計算する際の、生産年齢の幅を例に挙げて、これまでの視点を変えることを提案した。

「今、労働力が減るといわれているが、労働力って15歳から64歳のことをいう。これだとこのままだったら、２０４５年には52％まで減少しちゃうけれど、仮にこれを18歳から74歳という、私の中でより今の社会にフィットしている年齢幅を生産年齢人口としてとってみる。そうすると、『なんだ、意外に平気じゃないか』と。『これ、景色が違うぞ』と。そういったところから、今の国のかたちを規定している枠を取っ払ってみようと。そこから生まれたのが、『65歳は高齢者なんてもうやめよう』と。現役世代の定義そのものから変えていくというのは、まさに『15歳から64歳という今の現役世代って、本当にその幅なの？』という単純な疑問から生まれました」

この「単純な疑問」をもとに、当時農林部会長でもあった進次郎は、こんなことを調べてみた。

「今、世の中で労働力として働いている15歳って、何人いるんだろうと思ったんです。私は今、農林部会長ですから、農業の世界で15歳で主な収入が農業という、いわゆる基幹的農業従事者という人たちの数を調べてみたんです。

今、労働力って日本で６３００万人いて、農業の世界って１７５万人。そのうち15歳を数えてみたら17人。１万人に１人なんですよ。だからこれを見てもわかるとおり、今の時代で15歳から64歳をいわゆる生産年齢人口、労働力だというふうに見て、そのデータ統計をもとに国の政策をつくり、それが今の社会に落とし込まれていくというのは、そこ自体を見直さなくちゃいけないのではないかと思いましたね」

「22世紀という言葉は、政治の文書に初登場なんじゃないか」

この文書の副題には、「22世紀へ」という言葉が使われていた。

そこに込められた意味について進次郎は、こう強調した。

「おそらく22世紀というキーワードが、言葉が、政治の世界で文書として入ってきたのは初登場なんじゃないかなと。つまり今、２０１６年ですが、今年生まれた赤ちゃんは、今の女性の平均寿命84年を生きたら２１００年なんです。つまり22世紀って、今年生まれた子どもたちが生きる時代なんですね。

21世紀の前半を生きている私たちにとっては、22世紀を見られるかどうかはわからないけれども、今の子どもたち、若者にとっては、22世紀が生きる時代だと。そこを考えて社会保障、財政を考えていくんだということを、『22世紀へ』というところにメッセージとして込めたつもりです」

この後、具体的な政策のアウトプット作業に、小泉小委員会は入っていく。

それが、中間報告から半年後の２０１６年10月に、前述の「人生１００年時代の社会保障へ」となって結実する。

そして翌年の２０１７年。通常国会開会後の2月に小泉小委員会は再開した。

小泉小委員会の次なる議論は決まっていた。

自民党がこれまで決して本腰を入れてきたとは言い難い、「票にならない」子育て世代に向けた「子育て支援・少子化対策」だ。

「子どものいない私が言うから説得力があるでしょう」

今の子どもの6人に1人が「貧困」状態にあるという。子どもの数は37年連続で減少し（2018年4月1日現在）、過去最少を更新している。

これが日本の子どもを取り巻く状況だ。

少子化をあらため、子育てを社会全体で支援する。そのために必要な財源として、小泉小委員会が検討したのが「こども保険」の導入だった。

小委員会で「こども保険」を発案したのは、村井氏だ。まだ凍てつく2月の夜、日課の散歩中に村井氏が「こども保険」を思いついた（※『人生100年時代の国家戦略』藤沢烈著／東洋経済新報社）。

これまでも、子育て支援の財源として、消費増税分の一部を充てる案や、教育国債などが検討されてきた。しかし進次郎は、消費税は「少子化対策待ったなしのなかで、スピード感をもって予算を用意しなければならないと考えると現実的でない」と述べ、教育国債についても「さらなる赤字国債の発行をどう説明するのか？」と疑問を呈していた。

ところが、この「こども保険」は、社会保険と同様に現役世代と事業主が負担し、子育て世代が受益者となる。村井氏がこの案を説明すると、進次郎は「いいですね」と即断したという。

「こども保険」の仕組みはこうだ。

サラリーマンは現在、社会保険として15％程度の保険料を支払っている。「こども保険」は、これに加えて料率0・1％を加える（年収400万円で月240円の負担）。

確保した約3400億円の財源で、就学前の子どもの児童手当に月5000円を上乗せし、幼児教育や保育の負担を軽減する。

その後、保険料率を0・5％に上げ、約1・7兆円の財源を確保すると（月2万5000円の上乗せ）、幼児教育・保育は実質無償化となる。

しかし、「こども保険」には、さまざまな批判の声が湧き上がった。

その代表的なものが、「子どものいない人は、負担だけじゃないか」だ。

これに対して進次郎は、「社会全体で子どもを支えることが、ひいては将来誰もが恩恵を受ける年金・医療・介護の給付の質とサービスを決める」と反論した。

「子どものいない私が言っているのだから、説得力あるでしょう」と、時にジョークを交えながら「直接的でないかもしれないけど、子どもを温かく支えるのが社会全体の利益になる」と想いを語った。

「こども保険」には他にも批判があった。

塩崎恭久厚生労働大臣は、「子ども子育て支援の安定財源を確保する観点から、具体的な提言をされたのだと思う」と評価しつつも、「保険制度で（子育て支援の）仕組みをつくることができるのか、被保険者の範囲をどうするのか、保険料への対応をどうするのかといったさまざまな課題がある」と、実現性に疑問を呈した。さらに、社会保険料として現役世代だけが負担することにも批判があった。

しかし、進次郎は「高齢者に厚い社会保障を、全世代型にシフトする突破口にしたい」と意欲を示していた。

なぜなら日本の社会保障の現状は、医療、介護、年金は制度化され、高齢者を社会全体で支える仕組みは整ったのだが、子どもや子育ての費用を社会で見ていこうという制度は未整備のままだからだ。

団塊の世代が後期高齢者となる２０２５年以降、日本は急激な少子高齢化社会に突入する。これからの高齢者を支えていくのは今を生きる子どもたちだ。しかし、その子どもたちが、必要な保育や教育を受けられないリスクが増えているのだ。

結果、進次郎ら若手議員の熱い想いが伝わり、「こども保険」は政府の「骨太の方針」に盛り込まれた。

しかしその後、思わぬ〝横やり〟が入り、「こども保険」は頓挫することになる。

「経済界は政治の下請けか」

「党でまったく議論をしていない。このままでは自民党は必要ない」

２０１７年11月。進次郎は、激しい言葉で政府への批判を展開した。

政府のぶち上げた教育無償化を柱とした政策パッケージの財源が、党の了承なしに突如決められたためだ。

この年の衆議院選挙で安倍政権は、「２０１９年の消費税増税分の使い道」について、当初は社会保障に充てる予定だった1兆円を、教育無償化に変更することを公約とした。つまり、子育て支援に充てる財源を、消費税に求めたのだ。

進次郎が怒ったのは、政府が経済界に対して教育無償化の財源負担を求めたことだ。

総額2兆円のうち1兆7000億円は、2019年10月の消費増税による増収分を充てる。しかし、不足する3000億円を政府は経済界に求め、経団連の榊原定征会長がこれを容認したのだ。

小泉小委員会では、「こども保険」を提言する際に、子育て支援の財源を消費税に求めることと、事業主の拠出金増に求めることの問題点を指摘していた。

しかし、政府はあっさりと、子育て支援の財源に、この2つを充てることを決めた。これによって、「こども保険」実現化に向けた検討は見送られることになり、小泉小委員会ははしごを外されたかたちとなった。

進次郎は、「まったく党で議論していない」と政府を批判。さらに矛先を経団連にも向け、「経済界は政治の下請けか。それだけ政治に左右されるなら、イノベーションは生まれない」とこき下ろした。

一方、進次郎の怒りに経済界は当惑した。

ある財界関係者は、政府の求めに応じた理由をこう言う。

「選挙戦で総理は、消費税の使途変更を公約として訴えていました。つまり政府与党としてのお願いだったわけです。財源調達については、消費増税分では足りないんじゃないかという報道もその際にあったし、（進次郎を含む）与党の議員は、十分わかったうえで選挙戦に臨んでいたんじゃないですか」

そもそも経団連など経済界は、「こども保険」に対して否定的だった。

選挙前、経団連の榊原会長は、「子どもを持たないと決めている方も含め、受益と負担のバランスはどうなのか。未就学児童に月額5000円を支援しようということだが、子育て支援の一助になっても解決にはならない。（保育所設立など企業がやっている）現物給付を拡充するほうが先決だろう」と述べていた。

いわば、政府と経済界は、あうんの呼吸で「こども保険」をつぶしたのだ。

「社会全体で子育てを支えていく国づくりをする」

小泉小委員会のメンバーで、農業改革でも進次郎とともに闘った鈴木憲和氏は、当時の議論を振り返り、「財源論はこれまで議論してこなかったので、画期的だった」と言う。

一方、経済界が総理から言われるままに負担を承諾したことについては、不満を隠さない。

「安易ですね。こんなでしたっけ、経済界は。（総理が）言って出せるなら、先に出してくださいよと言いたいです。結局、企業の新陳代謝も必要になっている時代なんだなと思います。テクノロジーの変化は人の一生より早いじゃないですか。そのときに企業のビジネスモデルも変わっていかないといけないし、たぶん政治家のモデルも変わっていかないといけないんですよ。そういうことを最近痛感します」

結局、経済界から自民党に正式な受け入れ表明があり、進次郎は「事実上の決着だ」と矛を収めた。

そして「こども保険」の議論は、いったん宙に浮くこととなった。進次郎はこの日の会見で、政府や経済界へのこれまでの怒りを露ほども見せず、淡々と「こども保険」に込めた想いを語った。

「一番大切だと思っていることは、社会全体で子育てを支えていく国づくりをするんだと。その場合、『何が最善のかたちなのだろうか』というのが、『こども保険』の提言に込めたメッセージだった。あの『こども保険』の発想は、労使折半で個人にも事業主側にも両方に負担してもらって、社会全体で子どもを支えるような財源をつくっていこうということ。今回の消費増税と企業の負担というのを見ていくと、消費税で個人の方々にこれからご負担いただくという意義があり、企業の方にも負担していただき、両者が負担することによって、子ども子育てを社会全体で支えていくというかたちとも見える」

しかし、内心では怒りが収まらなかったのか、進次郎は会見をこう締めくくった。

「私としては、３０００億円の負担の決定のあり方を含めて、社会全体のなかで企業の果たすべき負担や役割は、引き続き宿題として残るというのはある。ただ今回、みんなで考えて前に進んでいこうというのは、よかったのではないか」

若手議員による画期的な社会保障制度改革の議論は、ここでいったん終わりとなる。

しかし、小泉小委員会は、この後さらなる高みを目指して、新たな組織に生まれ変わる。

コラム　経済界と進次郎

本章で詳述したとおり、子育て財源を巡り、進次郎は経済界に対して「政治の下請けか」と激怒した。進次郎はその後もさまざまな場面で、経団連をはじめとする経済三団体を批判している。

政府批判をしたのと同じ２０１７年11月、社会起業家のイベントで進次郎は経済界を猛批判した。

「安倍一強で物を言えないのじゃないかという声があるが、一番物を言えないのは経済界。日本にイノベーションを生むのは、政治の顔色をうかがっている経済界ではありえない。『賃上げして』と言ったら、賃上げする。政治の顔色をうかがう現状に甘えていて、イノベーションが生まれるのか？

ソーシャル・イノベーターに期待するのは、新しい経済人として経済界を変えてください。おかしいことはおかしいと言う経済界があるから、政治が緊張感を持つ」

確かに、安倍政権と経団連は蜜月だった。

経団連の榊原会長の前任である米倉弘昌会長は、アベノミクス、とりわけ大規模金融緩和を批判して距離を置いた。

しかし、榊原会長に代わると、安倍政権と急接近し、逆に「政府に物を言わない」と批判されることも多くなった。

また、2018年4月の新経済連盟のイベントでも、進次郎はさらに経済界批判のギアを上げている。

「理解できないのは、なんで経団連の会長は、製造業の人しかなれないんですかね。要件で決まっているというんですよ。面白いですね、イノベーティブですね。経済同友会、日商と経済三団体と言われますけど、その中の日商は中小企業の団体ですよね。でもトップは大企業じゃないですか。あれだってどういう人が、トップ（会頭）になっているのか。事務局を担うためには、会頭企業が人を出さなければいけないとか、そういうのを見たときに中小企業が（会頭に）なれるわけないんですよ」

政界であろうと経済界であろうと、旧態依然とした慣習に固執し、変革を阻害するものとは徹底的に戦うというのが進次郎だ。

進次郎が理想とする政界と経済界の関係は、土光敏夫会長時代の経団連だ。

土光氏といえば、行政改革の旗振り役として「行革の鬼」と呼ばれた一方、清貧な生活を送り「メザシの土光さん」と慕われた、昭和を代表する財界人だ。

「経済界だって変えなければいけないことがいっぱいあって、横並びを廃していかなければいけないので、そういったことに注力してもらう。政治の世界に対しては、昔の経団連の会長・土光さんが言ったみたいに、『これだけは邪魔するな』ということが経済界の役割。『あれやってくれ、これやってくれというのは卑しい』と言う土光さんの気持ちは素晴らしいと思いますね。そういう関係を築けば、プロフェッショナルな経済界と政界のいい意味でのコラボレーションが生まれることになる」

国のトップを狙うのであれば、経済界と良好な関係を構築するのも重要なミッションだ。しかし言うべきことは言うというのが進次郎だ。

経済界の旧き常識や慣習を覆し、イノベーションを巻き起こす。

進次郎はここにも一石を投じている。

第7章

結集

2018年3月〜

「チーム小泉」永田町改革

2018年3月25日、自民党大会にて

「永田町の政策をつくる過程を大きく変える試みだ」

２０１８年3月。

進次郎は、「永田町の政策をつくる過程を大きく変える試みだ」と語り、党内に新たな組織「２０２０年以降の経済社会構想会議」（以下、構想会議）を発足させた。

この組織の名前を聞いて、「どこかで聞いたような」と思う方も多いだろう。

そう、この構想会議は、「２０２０年以降の経済財政構想小委員会」、いわゆる小泉小委員会の後継組織なのだ。

小泉小委員会が新たな社会保障制度のあり方や、少子化対策・子育て支援について政策提言を行ってきたのは、前の章で述べた。

一方、構想会議は、進次郎を中心とした勉強会で、さまざまなテーマについて議論するのが趣旨だ。

メンバーは小泉小委員会とほぼ同じで、４回生以下の若手議員を中心に約30人で構成されている。会長には橋慶一郎氏（小泉小委員会の委員長）が、幹事長には農業改革で進次郎を支えた福田氏がそれぞれ就いた。

進次郎は会長代行となり、小委員会の「助さん・格さん」（村井氏・小林氏）や、参議院からは山下氏らが参加。2018年の秋には自民党総裁選が控えているタイミングでの「チーム小泉」の再結集に、一部メディアは「総裁選に向けた布石か」「進次郎が派閥立ち上げか」と報じた。

この会議の幹事長を務める福田氏に、立ち上げの趣旨について伺った。

「構想会議では、政局の話をしないと最初に決めました。だからまず、政局は明確に否定します（笑）」

福田氏はこう断ったうえで趣旨を説明した。

「この会議では、そもそもの議論をしようと。国会の回し方、国対政治、公文書の扱いなどです。国会は1月に始まり12月に終わるのですが、概算要求に向けて動き、税制改革、予算と続くようにルーティン化しているのではないかという問題意識があります。現象が起きてから対応していると、先に行けません。だからもっと『そもそもどうあるべきか』の掘り下げた議論をしようよと。議員は今、個人で勉強会をやっていて、それぞれが素晴らしい内容です。こうしたことを積み上げ、小泉さんの政治力を使って、党のプロセスに入れ込んでいきたいと思います」

また、農業改革や小泉小委員会で進次郎とともに歩み、構想会議のメンバーにもなった鈴木憲和氏は、構想会議にこう期待をかける。

「大切なのは2020年から先の日本の社会・政治・経済のあり方を、僕らがどう考えるかということに尽きると思います。まずは平成の振り返りも含めて、政治のあり方を議論する。皆さんそれぞれ問題意識がありますが、僕の場合は、地方はもっと充実するべきで、そのためのシステムを開発しなければいけないと。たぶん日本は地方から崩れてしまうので、構想会議はそういう根本的な議論もやっていく場になるんじゃないですか」

「『ポスト平成』の政治のかたちは何なのか」

平成という時代が終わろうとしているなか、森友・加計学園、財務省の決裁文書書き換え、防衛省の日報問題などが相次ぎ、「政と官」、「官邸主導のあり方」、「公文書の扱い」など、さまざまな問題が永田町や霞が関でマグマのように噴出してきた。

この構想会議発足から間もない3月25日、都内で開かれた自民党大会。森友問題を巡る佐川宣寿前国税庁長官の証人喚問を控えて、進次郎はこう語っている。

「自民党そして与野党、まったく関係ない。行政府が嘘をついたわけですから、そのことに対して与野党はなくて、徹底的に真相究明をやると。（中略）二度とこういったことが起きない政治のあり方、行政のあり方。平成の末期に起きてきた書き換えの問題を通じて、政党間のあるべき距離感、そして与党と政府の関係、自民党のあり方。『ポスト平成』の政治のかたちは何なのか。そういった問題にまでつながっていくくらいの『平成の政治史に残る大きな事件』に向き合っているという、それくらいの認識を私は持っています」

　では、進次郎は「ポスト平成」の政治をどう思い描くのか？

「自民党の部会と官僚、霞が関の関係は、歴史的に切っても切れないんですよ。そういったなかで、最近は内閣人事局のあり方から、今回の財務省の問題が起こった。昭和の末期から今に至るまで、官僚主導を政治主導に変えようという政治改革を次々やってきて、小選挙区が導入され、内閣人事局ができ、官邸のリーダーシップが強まって。それ自体は、私は間違っていないと思うんです。官僚主導に戻すことはあり得ないです。

　ただ、政と官の線はどこで引かれるべきか。安倍政権という長期政権のもとで、政治主導がある意味、一つの到達点まできているのかなという意識があります。今のタイミングで、書き換えという大きな事件が起き、方向性として政治主導は間違っていないと。それをどうやって改善していくのか。政と官の関係性は、一つの大きなテーマになるんじゃないですかね」

「国民は自民党の自浄作用を期待している」

国会では小選挙区や内閣人事局など、さまざまな制度見直しの議論が起こっている。これに対して進次郎はこう言う。

「これは政治家一人ひとりの自覚も大事で、制度をいじってよくなるかという問題です。要は制度の問題だけでなく、運用の問題、それを扱う人の問題。

そしてもう一つ欠かせないのは、権力は絶対に腐敗するんです。全世界の権力は絶対腐敗する。これは政治の真理でしょう。すべての権力はそうなるんです。それを権力は自覚して、権力の抑制という謙虚な姿勢をもって臨まないといけないし、これから仮に制度ができても完璧な制度はありませんよ、人がやるんですから。

一つひとつ国民の皆さんから厳しい目が寄せられているなかで、2009年だとしたら政権交代を望む国民の声が高まったでしょう。それが今、野党がこういう状況で、支持率見て最近びっくりしたけど0％ってあるんですよね。

そういったことを考えたときに、国民の求めていることは2009年みたいな、とにかく自民党を一回下ろしてみたいとか、とにかく自民党以外のところにやらせてみたいのではなくて、自民党自身が緊張感をもって国民の信頼を勝ち得るような、まさに今まで訴えてきた国民政党になるための自浄作用を期待しているんじゃないかと思うんです」

「1時間50分あれば習近平は何をやるかな」

「ポスト平成」の政治のあり方を探るなかで、進次郎の目は世界にも向けられている。

「金正恩は私と同い年なんです」

2018年4月、新経済連盟のシンポジウムで、進次郎はこう語り始めた。

「北朝鮮の善しあしはまったく抜きにしたときに、私は、金正恩はすごく注目していますね。その最大の理由の一つは、私と同い年なんですね、たぶん。世界に珍しい、生年月日のわからない方なので。本当はいくつなんだと確認しているんですけどね、最も有力なのは小泉さんと同い年だと。

私は1981年の今36歳、今週末（4月14日）に37歳になるんですけど、彼も1981年生まれというのが有力。その同年代の彼が、今、世界の地図を動かしています。動きを見ているなかで日本の遅さに危機感を覚えますし、日本の周りの国々がほとんど非民主的な国になりましたね」

国会にいても、視線の先にいるのは習近平であり、プーチンであり、トランプなのだ。

「総理、議長、副議長の選挙、国会で決めるのに1時間50分かかります。総理を決めるのは理解できます。ドラマが起きる可能性もある、本当にわからない選挙だから。

だけども議長と副議長は事前に決まっているんですよ。議長は与党第一党、副議長は野党第一党から出すと決まっている。決まっているのに一回一回、木札（※本会議で投票の際に使う札）を持ってぐるぐる回って、1時間50分を過ごしたときに、僕は国会の中で『1時間50分あったら、習近平は何をやるかな、プーチンは何やるかな、トランプはツイッターかな』と思いながら、（日本では）国家の最高権力者が非生産的な時間を費やされてしまっている。これは一つの例ですけど、そういった働き方をずっと続けている国会議員と官僚が訴えるのが『働き方改革』ですよ」（会場笑）

だからこそ、日本は国会の改革が必要だと進次郎は力説する。

「一番、これからの日本のためにも私がやろうとしているのは、国会の改革なんです。総理や外務大臣が、国会の質問で国内にいなければいけないことで、国際会議に出られない。これだけ北朝鮮、中国、ロシア、韓国が動いているなかで、です。最優先はそういったこと（外交）にして、国会で事後報告すればいい話じゃないですか。こういったこともできない」

国会改革の道はこれからだ。ビジネス界から見ればあぜんとするような、旧態依然としたシステムの改革に進次郎は挑む。

「今、北朝鮮の問題とか含めてあれだけ大胆な外交が展開されている。そういったときに、今日、昨日、あの本会議の時間。せめて衆院は参院と同じように、まず採決のボタンを導入したいですよね、それもないんですから。総理が今年1月に外遊したエストニアでは、法案採決もタブレット。委員会の出席だって、当日質問しない人はネットで見られるし、出席しなくていいんですよ。日本はあまりにも遅れていますね。そのあり方をこれから続けても、誰も幸せにならないと思います」（2018年5月25日、厚労委員会で働き方改革法案を採決後に）

「これからは一人のリーダーではなくチームの時代だ」

約1か月、6回にわたって行われたこの会議の終了後、記者から「党のこと、政務官、政と官をやられて、考え方が変わった部分は」と問われ、進次郎はこう語った。

「変わった部分……悩んでいる部分はあります。たぶん変わったというよりも僕の中では『進化』だと思うんですけど。これからの時代、一人じゃできないなと思いましたね。一人じゃできない。これからの政治の世界は、一人のリーダーじゃ乗り越えることはできない時代だなと、あらためて自分の中で思いました」

これに対して進次郎は、「一人がすべてを掌握するあり方ではなくて、チームでやることを本当に考えていかないと」と語った。

「メディアの複雑化や世の中の多様化、コミュニケーションで求められているスキルの難易度の高さ、課題が今までよりも多くなって複雑化し、賛否両論あるなかで、さらに一人じゃ無理だと。しかも扱っているテーマは、政と官の線引き、国会のあり方、霞が関のあり方、与党と野党の関係、すべてが地下でつながっている深遠なるテーマ。それをみんなでやるというのは、もしかしたら『ポスト平成』の政治のあり方のひとつで、これからはチームの時代だと、一人ではないと。そういう想いが僕自身には強く出てきましたね」

進次郎の口からは「チーム」という言葉が何度も発せられる。

「個の力、パッションが大前提としてありながらも、個だけに依存しないチームが必要だと思うんですよ。よく『次は誰か』という議論のときに、僕はもう違うんじゃないかと。『次は誰か』ではなく、『次のチームはどういうチームか』。『このチームで作っていきます』みたいな、そういった認識です。

それはやはりこういう、みんなとやりながら、あとは政務官やったり農林部会長やったり、幹事長室に行ったり。そのなかでいろんな方との接点が生まれて、自分の中で重層的な、地層のような経験がたまってきて。そのなかで生まれてきたものもありますけれど、時に邪魔になるときもあるので、自分の中に限界をつくってしまわないようにどうやって今までのことを捨て去っていくのか、これも同時に意識しています」

進次郎の「チーム」発言は、永田町に「自らチームを率いて総裁選に挑戦するのではないか」との憶測を呼んだ。

コラム　チーム小泉と進次郎

（※）２０２４総裁選のチーム小泉のメンバーは、前著『小泉進次郎　日本の未来をつくる言葉』を上梓した２０１８年当時と大きく変わったが、当時の記録としてこのコラムはそのまま残すことにした。第10章と比較すると、進次郎を取り巻く議員の動きが見えて興味深い。

若かりし日の進次郎は「国会では友人はできない」と言っていた。

それから10年以上、復興支援、農業改革、人生１００年時代に構想会議といった経験を経て、進次郎が出した答えは、「これからはチームの時代」だということ。

本書では、進次郎をさまざまな場面で支えてきた「チーム小泉」のメンバーを紹介してきた。

農業改革で進次郎を支えた、福田達夫議員。

祖父に福田赳夫元総理、父に福田康夫元総理をもつ政界のサラブレッド。スマートな元商社マンの風貌で、農水官僚相手に「福田塾」を開催していた。

そして元農水官僚の鈴木憲和議員。

一見、癒やし系キャラだが、TPP法案の採決では自身の公約（TPP反対）を守るために造反した。

上月良祐議員は、農業県の茨城が地元でありながら、農業改革を進めてきた。農水省の若手官僚を時に鼓舞し、「兄貴」としてともに汗をかいてきた。

村井英樹議員は元財務官僚で、人生100年時代では「こども保険」を発案した。小林史明議員とともに「助さん・格さん」と呼ばれ、進次郎の懐刀となった。

そして以下、構想会議のメンバーだ（本稿執筆時点）。

会長／橘慶一郎（無派閥）、会長代行／小泉進次郎（無派閥）、幹事長／福田達夫（細田派）、事務局長／村井英樹（岸田派）、事務局長代理／小林史明（岸田派）

会員（※五十音順）／穴見陽一（細田派）、安藤裕（麻生派）、大岡敏孝（二階派）、大沼みずほ（岸田派）、大野敬太郎（無派閥）、小倉將信（二階派）、越智隆雄（細田派）、加藤鮎子（谷垣グループ）、上月良祐（無派閥）、笹川博義（竹下派）、佐藤啓（細田派）、白須賀貴樹（細田派）、鈴木馨祐（麻生派）、鈴木憲和（竹下派）、鈴木隼人（竹下派）、滝波宏文（細田派）、武井俊輔（岸田派）、武部新（二階派）、

田畑裕明（細田派）、中泉松司（岸田派）、牧島かれん（麻生派）、牧原秀樹（谷垣グループ）、松本洋平（二階派）、山下雄平（竹下派）、吉川有美（谷垣グループ）

進次郎を中心とした彼らが、やがて日本の政治を変えていくチームになる。何人かのメンバーに進次郎像について話を伺ってみた。

「軸はこれでいこうと決めたら絶対ブレない人です」――山下雄平議員

山下雄平議員は、人生１００年時代の小泉小委員会で役員の一人として、本書でもすでに紹介しているが、実は日経新聞の記者として出馬前の進次郎を取材している。山下氏から見て、進次郎はどう変わっていったのか伺った。

――小泉議員に初めて会ったときの印象は？

最初に小泉さんを見たのは、（２００９年の）出馬前に党本部に来られて。当時は、世襲批判があるなかで、自民党政権も末期でしたね。小泉さんにぶら下がり取材すると、お父さんと話し方は似ているけれど、強い印象はなかったです。政治家として何をやりたいのか、そのときは伝わってきませんでした。

――議員になってからの印象は？

それから僕が政治家になって（２０１３年参議院選挙で当選）、小泉さんに呼ばれて話したりすると、『議員になって磨かれている、すごく努力されているなあ』と思いましたね。農業改革の頃はお付き合いがなかったですけど、小泉小委員会で接してみると、頑なではないなと。議論しているなかで小泉さんが『こう思うんだけど』と言って、村井（英樹）さんが理屈立てて、『こうこうこうなんですから、その結論はありえないですよ』と言うと、『なるほどね』と変えて。ただ、軸はこれでいこうとなると、絶対ぶれずにやりますね。

――この数年で小泉議員が変わったと思うところはありますか？

昨日（２０１８年４月25日、第５回構想会議後のレクで）小泉さんは、しきりに「チームなんです」と言ってましたね。記者から「この会を通じて変わったことはありますか」と質問されて、「個人の政治家の力だけで変わる時代じゃなくなってきた」と。

父親の純一郎元総理は、一人の政治家としての熱意とかコミュニケーターとしての力で、メディアを超えて国民を納得させてきました。

小泉進次郎さんというすごいキャラクターがいると、個人にスポットが当たりますね。でもそうではなくて、小泉進次郎という人を中心とした、チームとして光らせたいと。だから小泉さんは、構想会議でみんなに参画してもらう仕掛けを考えていますね。

――たとえばどんなことですか？

小泉・村井・小林の黄門さまと助さん・格さんだけでやっているんじゃなくて、みんなも円の中心にいるんだよと。構想会議後に飲み会を増やしているのも、そういう意味があるのかと思いましたね。

ここは僕のうがった見方かもしれないんですけど、飲み会の席に村井さんや小林さんが入っていないこともよくあるんですよ。２人が席を外すことで、みんなもっと小泉さんと仲良くなる機会が増えるし、チームになると思っているからじゃないかな。

――かつて小泉議員は「国会は友だちを作る場所ではない」と言っていたそうです。そういえばお父さんも、「ＹＫＫは打算と友情の二重奏」と言ってました。

意外だったなと思ったことがあるんです。政治記者出身なので「仕方ないなあ」と思うんですけど、新聞は特に一つひとつの事象を今の政局に結びつけて書かざるを得ないじゃないですか。秋に総裁選があれば、「総裁選に向けた動きとみられる」と書かないと記事として成り立たない。だから小泉さんは「メディアは正しいことを伝えない」と言っているし、最近は「新聞をあまり読む必要がなくなった」と言っています。

しかし、その小泉さんが、総裁選に向けた動きと書かれかねないのを承知で、あえてチームを前面に出したというのは、本当に「これからはチームだ」と思っているんだろうなと思います。

「小泉先生に倣って『0才からの国会』に取り組んでいます」――牧島かれん議員

小泉小委員会、そして構想会議に参加している牧島かれん議員（神奈川17区）。選挙区は神奈川県の小田原市などだが、生まれは進次郎と同じ神奈川県横須賀市。牧島氏の選挙に進次郎が応援演説に来た際には、「姉のような存在です」と紹介した。

牧島氏は学生時代に、進次郎のコロンビア大学院時代の恩師であるジェラルド・カーティス氏に師事したり、内閣府政務官に就任した際は、進次郎の後任だったりと、何かと縁がある。

――小泉小委員会は社会保障に特化しましたが、構想会議はテーマが広いですね。

来年に元号が変わることを踏まえたうえで、行われてきた改革なるものを、次の時代に向

牧島かれん議員

けていかに完成形を目指していくのかを議論している最中です。私としては平成デモクラシーというものをいったん振り返る時間を、構想会議でいただいたなと思っています。

――国会改革もありますね？

政務官として政府に入る若手が増えてきたので、働き方改革と言いながら質問通告（※国会の委員会審議などで、質問者が事前に、質問の趣旨を政府に通告すること）が夜中になるとか、実際に体験してみてさすがにおかしいよねとなってきたんですよね。今、日程闘争（※国会の審議日程を巡る与野党の駆け引き）がメインになってしまっている国会で、日程闘争にもそれなりの理由があるとは思うのですが、何かやらなきゃいけないタイミングだと思います。

――小泉議員とチームを組んできていかがですか？

小泉先生の発信力は大きいわけだから、国会改革とか新しい政策の軸とか、みんなで決めていったときは発信していかなくてはいけないなと。若手といわれる世代にとっては、自分たちの子どもたち、孫たちといった未来を背負ったうえでの発信を、ちゃんとやっていかなきゃ、というところです。

——若い議員ならではの発想ですね。

私ごとですが２００４年のアメリカ大統領選挙の際、ＩＣＵ（国際基督教大学）の研究者だったのですが、共和党大会に行きました。党大会では、全国から家族連れが来ていて、子どもを抱っこした人もいっぱいいました。アメリカでは幼い頃から党大会の雰囲気に馴染んでいって、何となく政策的なことも聞きながら、高校生や大学生のときにボランティアになって、そこから議員も誕生して、という人材育成の流れができていることを感じました。自民党内でも伝えましたが、大事な党員育成のプロセスだと思うんですよね。

実は私も小泉先生に倣って、「０才からの国会」といって、赤ちゃんを連れてきてくださいと、選挙中もずっと言ってきたんです。

「政局ではなく、小泉さんの理念に共感して皆、集まっている」―中泉松司議員

中泉松司議員は農業改革で進次郎とともに汗をかき、小泉小委員会、構想会議と伴走してきた。進次郎との付き合いは古く、進次郎が２００９年の衆議院選挙で初当選し、全国で最年少の国会議員となったとき、中泉氏は全国で最年少の自民党県議会議員だった。当時中泉氏は29歳、進次郎は27歳。

２人は党から「チーム自民党ネクスト」を作るよう指示され、全国を一緒に回って街頭演説をやったという。２０１３年に県議から参議院選挙に出馬した際には、進次郎が第一声の応援に駆け付けた仲だ。

――構想会議はいかがですか？

小泉小委員会の頃から、国対（国会対策委員会）副委員長の仕事が忙しくなってきて徐々に出られなくなって、今はほとんど会議後にたまに開かれる飲み会だけの参加ですね。でも小泉さんは、「それでもいいから来て」と言ってくれて。飲み会はシェアオフィスの一角を借りて、みんなでワイワイやったりしています。

一度、小泉さんの地元、横須賀に卸売市場を視察のため一泊で行ったのですが、「飲みましょう」となって焼き鳥屋に行って。二次会に行くときも街中で女の子から、「あ、進次郎さんだ。お帰りなさい」と。こんなに地元にしっくりきているんだなと思いました。

――構想会議は、一部報道で「総裁選に向けた布石か」と言われていますね。

構想会議のメンバーは、それぞれ派閥に所属しているわけで、そういうことで集まっているわけではないです。すごく共鳴するのは、２０２０年から先、この国をどうもっていくかということです。

今、60代後半以上の政治家の方々は、正直、そこまで責任を持たなくてもいいじゃないですか。農政もそうで、我々は30年スパンで責任を持たないといけない。小泉さんは去年（２０１７年）の衆議院選挙で秋田県に応援演説に来たとき、「病気になってお金がかかる国から、病気にならないためにお金をかける国に方向転換しなければいけない」と言っていました。

そういう国のあり方を考えていくことに、若い政治家は共感します。だから、下心があって小泉さんに寄っていく人もいるのかもしれないけど、共感するからあれだけの人が集まっていると思います。テレビで取り上げられるのを見ていると、「政局的に集まっている会じゃないんだけどな」と思いますけどね（笑）。

コラム　進次郎、憲法改正を語る

進次郎の憲法改正に対する考え方を紹介したい。

２０１５年９月、安保法制成立直後のまだ世の中が騒然としていたなかで、進次郎は憲法改正についてのスタンスを聞かれてこう答えた。

「憲法は改正すべき。いろんな議論はあるが、安保法制の議論でも憲法解釈を変えたことへの批判が強かった。自民党として憲法改正が党是だ。ただ、ハードルが高いのも理解しないといけない。だからこそ国民の生活が安定して、大きなテーマを十分議論し、理解を深める環境を政治がどうつくれるかだと思う」

また、２０１７年６月１日に日本記者クラブで行われた会見でも、憲法９条の改正による自衛隊の存在の明記についてこう答えた。

「私は当然だと思いますよ。自衛隊が違憲かどうかという論争が起きている状況を放置し続けるほうがおかしいと思いますから」

そして２０１８年３月の自民党大会。

あらためて憲法改正について記者から聞かれた進次郎はこう答えた。

「憲法改正は、私は必要だと思っています。やはりどう考えても手直ししなければいけないことはありますよ。ただこれまで長年できませんでしたからね。そうしたなかで、しかも国民の50％が賛成だという声をもらわなければいけないことを考えたら、自民党大会の人はみんな賛成でしょうけど、声が全国に広がらないとできない。

そこには野党の支持者もいるし、支持政党なしの人もいるし、そういった皆さんも含めて賛成だという機運が高まらないと、50％はそう楽じゃないですよ。だから信頼が大事です。信頼されてそれならっていう、そういった環境ができて実現できるのが憲法改正じゃないでしょうか」

進次郎の憲法改正に対するスタンスは、このように一切ブレていない。

憲法に自衛隊の存在を明記すること。

改正のために必要なのは、「信なくば立たず」、つまり国民の政治への信頼を得ること。

この発言後に、記者が「社会保障を最優先事項にやってほしいという声もあるなか、憲法改正を進めるのは違和感がある」と問い詰めた。

　進次郎はこう答えた。

「何を最優先に掲げて、自分が持っている政治的資源を投資していくかは、最後は政治家の判断です」

第8章

暗転

2018年9月〜

結婚、大臣就任、バッシング

2021年３月29日、大臣室にてインタビュー中の進次郎と筆者

「武器を持たない戦争のようなもの」

2018年9月26日の自民党総裁選。森友加計問題で揺れる安倍晋三総裁に石破茂氏が挑み、1回目の投票では地方票で過半数を獲得した石破氏が1位となったが、国会議員のみによる決選投票で安倍氏が逆転し、総裁に選出された。

選挙の行方を握るキーマンとして、その動向が注目されたのは進次郎だった。安倍政権に対する姿勢・言動から、進次郎は早い段階で石破氏支持を明らかにするだろうと誰もが予想していたからだ。国民的な人気を誇る進次郎が支持を表明すれば、地方票の流れがより石破氏に傾くのは想像に難くない。

しかし、その予想を裏切り、結局、進次郎が石破氏支持を表明したのは投票開始のわずか10分前。進次郎は総裁選が事実上スタートしてからも沈黙を貫き、二度外遊に出て総裁選から距離を置いた。この行動は石破陣営からすれば「肩すかし」、安倍陣営からすれば「寝てくれただけ」という、どちらからも評価されない結果となった。さらにメディアをはじめ、国民の間にも「どちらにもいい顔をした」「男を下げた」と批判の声が上がった。

進次郎がこうした決断を下した背景には何があったのか。

総裁選直後、永田町にはさまざまな情報が飛び交った。「官邸が小泉氏を干し上げると恫喝した」「官邸から『海外に姿を消していれば石破と書いてもいい』と言われた」など……。選挙終了後、進次郎は記者団から「これまで沈黙していた投票先を、なぜ表明したのか」と聞かれてこう答えた。

「今回、率直に言いまして、いろんな情報戦がありました。やはり、この総裁選挙というのは、政治の世界の戦ですから。私は、武器を持たない戦争みたいなものだと思っています。その過程の中では、本当にさまざまなことがあります。だから、日々、変わるんです。で、それに対して、どうやって自分を、こう生き抜いていけるようにするか。そういったことも含めて非常に学びのある総裁選でしたね」

私は進次郎が農業改革やこども保険など政治の修羅場や闘争を何度も経験してきたのを見てきたが、ここまで「戦い」という言葉を連発するのを聞いたことがない。

「政治の世界、これ戦ですから。なんでもありますよ。脅しだって、すかしだって」

進次郎がこれまで国民から愛された理由は、「歯に衣を着せない物言い」に、未来を熱く語る、時として青臭くも感じる言葉にあった。しかしこの言葉から見えてくるのは、冷徹でしたたかに政界を生き抜く政治家の姿だ。

さらに「石破氏を支持するのであれば、もっと早いタイミングで支持表明すべきであった」との声があることについてはこう答えている。

「仮に、私がもっと早く表明していたとしたら、私の望むかたちにならなかったと思いますね。表明しなかったからこそ、二人の違いとか、論争、そういったものに、注目が集まったんじゃないかなと思いますよ。だって、私、バッターボックスに立っていませんからね。バッターボックス立っていないのに、テレビカメラがずっとネクストバッターズサークルとか、ベンチを映しているのはおかしいでしょ」

この言葉を進次郎の奢りや過大な自己評価と受け止めた人は多い。特に「ネクストバッターズサークル」という言葉には、永田町の一部で「次は自分だと手を挙げているのか」と訝しがる声もあった。

この年の6月の世論調査で次期総裁候補の上位に挙げられたことについて、進次郎は「あくまで認知度調査だと思っている。自分が足りないことはよくわかっている」と語っている。だから熱狂を求めるメディアと国民には決して惑わされない。

「戦だから何でもありです。その戦に臨むにあたって、どうすべきか。政局ですよね」

進次郎は政界を生きていくために、リアルな選択をした。かつて父・純一郎氏は「ＹＫＫは打算と友情の二重奏」との名言を残したが、進次郎はこの総裁選で稀代の勝負師と言われた父の背中に一歩、近づいたのかもしれない。

「無防備な自分にさせてくれる」

２０１９年8月7日午後。埼玉県戸田市で取材中だった私の携帯に「進次郎結婚」の速報が流れ、その直後から次々と社内外から電話が入った。私が「進次郎本」の著者であり、しかも結婚相手が私の所属するフジテレビの元アナウンサーとくれば、詳しい事情をよく知っているのでは、と思う相手の気持ちは理解できる。

しかし、私は結婚することを速報で初めて知ったので、どんなに問い合わせされてもひたすら「今、知りました」と答えるしかなかった。

その日、二人が総理官邸を訪れたとき、フジテレビの総理番記者は「何かのイベントの報告かな」と思ったくらいで、ほかの記者も特段の動きはなかったという。進次郎はネイビーブルーのスーツに白いシャツにノーネクタイ、滝川クリステルさんは胸元にパールをあしらった白のワンピース姿だった。

再び官邸のロビーに現れた二人に記者が「こちらにお願いします」と呼びかけ、通常どおり記者が囲むように会見が始まった。

「長官とご面会されたということですけど、どういったお話をされたんですか？」

記者の質問に答えて進次郎が発した予期せぬ言葉に、記者一同は度肝を抜かれた。

進次郎はにっこりしながらこう語った。

「こういう官邸という場で、私ごとで大変恐縮ですけど、私もようやく結婚することになりました。それで滝川クリステルさんと（菅義偉）官房長官にご挨拶、ご報告に伺い、長官から『今、総理もいるから総理にもよかったら』と言っていただき総理のほうにもお会いしてご報告できました」

驚いた記者が、続けて「具体的なやりとりは？」と聞くと、進次郎はこう答えた。

「官房長官からは『おめでとう。俺も勘が悪いな。滝川クリステルさんと、どうして一緒なんだろう。犬の活動をやっているからそれかな、と思ったよね』。そういう話の後にお祝いを、お言葉をいただいて、その後、総理のほうに伺ったら、『おめでとう。お父さんは何だって？』。『うちのおやじは相変わらずです。一度はしたほうがいいよと、そういうタイプのおやじです」

　これに対して安倍総理はこう続けたという。

「実は僕も結婚するときに小泉さんのお父さんに報告したんだよ。そうしたら普通まずおめでとうとか言うでしょ。それがね、『結婚は大変だよ』そう言われたね。だけどおめでとうと温かいお言葉をいただきました」

　隣にいるクリステルさんは、このやりとりを思い出したのか笑顔で進次郎の話を聞いていた。

　さらにサプライズは続き、進次郎から「実はおなかの中には子どももいるので、できる限り静かに温かく見守っていただきたい」とご懐妊の報告もあった。

　そして「昨年からお付き合いを始めて、今回自然なかたちで結婚の報告、妊娠の発表、そういったことになれたことはうれしく思う」と語り、こう続けた。

「政治バカの私がクリステルさんといると政治という戦場から離れることができ、自分自身がもたれかかって、寄りかかっていいような、無防備な自分に、政治家小泉進次郎から人間小泉進次郎にさせてくれる。そんな存在だったことも私にとっては大きなことだった」

　幸せいっぱいの二人の会見は、その日のビッグニュースとして報じられ、しばらく日本中は祝福の言葉であふれた。しかし一方で、「官邸で結婚報告は公私混同」などといった批判的な声も上がって、かつて進次郎が語った「良く報じてもらえるときは、叩きつぶされるスタートだなと思います」という言葉がこの後まさに的中することになった。

「セクシー」と「ステーキ毎日でも」

２０１９年9月11日。第４次安倍第２次改造内閣の組閣が行われ、進次郎は環境大臣に抜擢された。党内では青年局長、農林部会長、厚労部会長といった要職を歴任し、政府では２０１３年に内閣府大臣政務官兼復興大臣政務官、そして男性としては戦後最年少の閣僚となった。まさに政治家としては順風満帆の人生だ。

しかし、この頃から進次郎に対する世間の風向きは変わっていった。そのはじまりが環境大臣として初の外遊先ニューヨークでの、いわゆる「セクシー発言」へのバッシングだ。

就任後10日で臨んだニューヨークでの国連気候行動サミット。演説した進次郎は、得意の英語で会場の空気を和ませた。しかし、記者会見中に、同席した国連気候変動サミットの中心人物であったフィゲレス氏の「気候変動の政策議論は楽しく、クールでセクシーでないといけない」といった発言を引用して、「若い世代がカギであり、楽しくクールでセクシーであるべきですね」という発言が、日本のメディアに「セクシー発言」として取り上げられた。

この「セクシー発言」だが、外交の場のやり取りの中では、敬意を込めて相手の言葉を引用するというのはよくあることだ。しかも「セクシー」という言葉は、日本では一般的に性的な魅力を指すが、英語では物事全般に対して魅力的だという意味で使われている。だからそもそもこの言葉で大騒ぎすること自体がナンセンスなのだ。

実際、この発言が日本で問題視されたとき、私はアメリカ人の友人たちに確認してみたが、誰もが「議論がセクシーであるべきという言い方は一般的で、なぜ日本で問題になるのか意味がわからない」と答えていた。

在米30年の作家でジャーナリストの冷泉彰彦氏は、「セクシー発言」で大騒ぎする日本の状態について、のちにこう語っている。

「責められるのは、そうした文脈を理解しないで表層的な報道をした当時のメディアです。小泉氏の立場としては、国連サミットに参加する際に最も大事な人物と意見交換して、キーワードを共有しただけです。それを知らずに誤解と偏見が今でも拡散しているというのは、実に見苦しい現象だと思います」

ただし、同じ記者会見で進次郎は失態を演じている。海外の記者から「今後1年で石炭火力発電を日本はどう減らしていくのか」と聞かれた際に、上を向いて考えながら「削減します」とだけ答え、「どうやって？」と聞かれるとしばし答えに窮した後、「政府全体として削減していくと表明している」とちぐはぐな答弁を続けた。

また、「ニューヨークで何が食べたいか」との記者の質問に、進次郎は「やっぱりステーキを食べたいですね」「毎日でも食べたいね」と語って実際にステーキレストランに行った。しかし、牛が排出するメタンガスが地球温暖化の原因になっていることは気候変動を学んだ誰もが知っている常識であり、「ステーキを食べる」と発言すること自体が気候変動への意識が低い、学んでいないと思われても仕方ない。

この発言を問題視した記者から「環境省のトップとしてどうお考えか」とその発言の真意を問われると、進次郎は「ステーキと気候変動がニュースになるなら、それだけでも日本の中で環境問題を考えるよいきっかけになるなと思いますね」と答え、「好きなものを食べたいときありませんか？」と逆質問をして「そういうことを聞いているのではなく……」と記者団から失笑を買った。

進次郎は環境省のトップとしては明らかに準備不足で国連の会議に臨んだ。また、それは環境省自体もそうだったのかもしれない。

通常、新大臣の就任直後は、各省庁で事務方が綿密なレクチャーを行い、大臣が誤った情報を発信しないよう細心の注意が払われる。もし大臣が会見中に誤った情報を話せば、事務方がメモを入れたり会見直後、記者に再度説明したりして問題とならないようにする。

しかし進次郎の場合、当代きっての人気者で、事務方が押し寄せるメディアへの対応に慣れていなかった。つまり進次郎にお任せ状態になってしまっていた。少なくとも新任の大臣が石炭火力発電の削減案を記者に聞かれて言葉に詰まったなら、ふつう事務方はメモを入れるし、ステーキを食べにいこうとしたら事務方が制止するだろう。

ある環境省の担当は、私にこうつぶやいた。

「こんなに環境大臣が注目されて記者さんが集まることなんてこれまでありませんでした。記憶する限り小池百合子さんがクールビズを提唱したとき以来かもしれません……」

とはいえ、このときの進次郎には大臣になった高揚感からか、自身に慢心や隙があったのは間違いない。言ってみれば自分で蒔いた種である。国民的に注目されていた進次郎には多くの記者が同行し、その一挙一動を報道した。だからちょっとした失言も見逃されずに逐次報道され、日本中が知るところとなった。

とくに「セクシー発言」については、本来の意味がまったく報道されずに語感のみが一人歩きしてしまい、瞬く間に進次郎を揶揄・中傷する〝キーワード〟となった。これまでスター扱いしていたメディアも手のひら返しをして「叩きつぶす」側に転じた。まさにかつて進次郎自身が語っていた、「良く報じてもらえるときは、叩きつぶされるスタート」どおりの展開だった。

「30年後の自分は何歳かなと考えてきた」

この頃から進次郎の発言をとらえて「ポエム」「構文」と揶揄する声や誹謗中傷が、ネット上であふれるようになってきた。

2019年9月、東京電力福島第一原発事故に伴う除染廃棄物を中間貯蔵施設から30年以内に県外に搬出することについて、記者から進んでいない現状と見通しを問われた進次郎は、「これは福島県民の皆さんとの約束だと思っています。その約束は守るためにあるものです。全力を尽くします」と語った。

そして具体的な取り組みについて記者から問われると、「30年後の自分は何歳かなとあの発災直後から考えてきた。だからこそ私は健康でいられれば、30年後の約束を守れるかどうかという節目を、私は見届けることができる可能性のある政治家だと思います。だからこそ果たせる責任もあると思う」と発言した。

第4章で紹介したとおり、福島の復興は進次郎がライフワークとして取り組んできた課題だ。なかでも除染廃棄物の県外搬出は、解決策が容易に見つからない問題で、記者の質問はどんな政治家であっても「これはこうする」と答えられないものだった。通常こうした質問には、普通の政治家であれば「善処しています」などと適当にかわすだろう。

しかし、進次郎はあふれる思いを込めて発言したばかりに、わかりづらい「詩的」な発言になってしまった。実はこれまでも進次郎にはこうした発言がよくあったのだが、人気絶頂の頃は特に意に留められることはなかった。しかし風向きが変わると、こうした発言が「ポエム」「構文」と面白おかしく取り上げられるようになってしまった。

「進次郎がレジ袋を有料化した」

さらに進次郎バッシングを加速させたのが「レジ袋有料化」だった。

2018年10月、進次郎の前任の環境大臣である原田義昭氏がレジ袋の有料化義務付けについて発言して議論が始まり、11月には経団連が法律によって全国一律のレジ袋有料化を義務付けるよう意見書を取りまとめた。そして翌2019年6月には原田環境大臣が義務化の方針を発表した。

その後、レジ袋義務化の方針を引き継いだのが進次郎で、いわば前任者の打ち出した政策を加速化するのが進次郎の役割だった。

2020年7月のレジ袋有料化に向けて、進次郎はさまざまな場面でその意義を訴えた。その一つが2019年12月に、環境省と厚労省が入る霞が関の合同庁舎の売店でレジ袋の配布が廃止されたときだ。進次郎と加藤勝信厚労大臣は、揃って庁舎内のコンビニを訪れ、進次郎はマイバッグを持参して買い物をした。

記者に対して進次郎は「業界の景色、世の中の景色を変えうるのではないかと思います」

「地球規模の問題に取り組むうえで身近なところから意識を持ってほしい」とその意義を訴えた。

また、その年スペインで行われたCOP25（気候変動枠組み条約第25回締約国会議）でも、進次郎は海洋プラスチックごみ問題に言及した際に、日本の具体的なアクションとして「日本は来年レジ袋を有料化します。環境省ではレジ袋を廃止しました」と世界に向けてアピールした。

しかし、レジ袋有料化とマイバッグについては賛否両論が分かれ、反対派は「単なる値上げ」「効果がわからない」といった意見から、マイバッグに対して「衛生面が心配」「万引きを助長する」といった意見まであった。また、そもそも前述のとおり、この政策は前任の大臣からの申し送り事項であるにもかかわらず、進次郎バッシングには格好の材料として使われた。

「相当叩かれましたが戦い続けていましたよ」

大臣就任から約1年がたった2020年8月、私は進次郎に単独インタビューを申し込んだ。

この間、進次郎への誹謗中傷はやむことがなかった。一方、インタビューの前月には、日本が石炭火力発電から脱却しないとの批判に応えるかたちで、石炭火力発電輸出プロジェクトについて、「脱炭素化に向けた方針が把握できない場合は原則として今後公的支援はしない」という政策変更を実現していた。

バッシングについて聞くと進次郎は、「まあ、そういうモードになると、マスコミは止まらないね」と苦笑した。振り返れば2009年の初出馬の際、進次郎には世襲批判が浴びせられ、選挙期間中「横須賀から出ていけ」と罵倒され、足を踏まれ、ペットボトルを投げつけられた。

進次郎は「あのときに似ているなあと思いましたよ。そのときはしょうがないと思って、淡々とやっていくしかないと思っていたから。でも面白いのは、人って叩き続けると飽きるんですよ」と語った。そして「まあ、相当叩かれましたからね。でも批判が収まるのを待っていたんじゃなくて、戦い続けていましたよ」と続けた。

環境大臣に就任してから1年、進次郎はさまざまな改革を行っていた。環境省では2020年に初めて「環境白書」で「気候危機」という言葉を使った。「気候変動」ではなく「気候危機」とした意図を進次郎に聞くと、「僕が大臣のうちに、若い人たちの声をできる限り取り入れたいと思っていた」と答えた。

「継続的に若い人たちの団体とも意見交換をしているなかで、気候危機宣言をしてほしいと言われたんです。そして閣議決定する『環境白書』をきっかけに気候危機宣言をしようと決めたのですが、若い人たちの声を無にしないという想いからですね」

世界では若い世代を中心に環境への意識が高まっている。進次郎はこう続けた。

「世界各国を見ていると気候変動アクションをリードし、政府に対して訴えているのは、スウェーデンのグレタ・トゥンベリさんを代表とする若い世代です。ただ日本の中では、比較的その動きが弱い。それは気候変動に限りませんが、若い人たちは自分たちが声を上げても、政治が本当に聞いてかたちにしてくれるのか、すごく疑問に思っているんです。だから僕は、それはちゃんと政治に届くことを見せたかったんですね」

ただ、環境省が独自に気候危機宣言をすることに対しては、省内外から反対する声もあったという。

「すんなりいかなかったですね。羽交い締めとはいかないまでも、片手で押さえるくらいはありました。省内にもこの影響を気にするところがあって。ただ僕は『そこはまったく気にするな』と言いました。環境省が気候危機宣言をするのに、何を憚る必要があるのかと。僕が求めているのは、ほかの省にやってくれということではなくて自前でやるのだから」

また、日本企業の気候変動への取り組みについて聞くと、「間違いなく前より進んでいると思います」と語った。

「かつて経済界には、環境省を『経済や雇用を気にせずに、環境のことばかり言っている環境至上主義』とか、『あいつらには経済や雇用がわからん』という認識があったかもしれません。しかし経団連はまるで『こちらもやっているんだから、環境省はもっと頑張れ』というふうな、前向きな関係性に変わったと思いました。この流れをしっかり加速させないといけないなと思います」

「育児休暇を取ってよかったと思います」

2020年は世界中で新型コロナウイルスが猛威を振るい、人々の働き方やライフスタイルも大きく変わっていた。進次郎はどの省庁よりも早く環境省の働き方改革に着手していた。株式会社ワーク・ライフバランスによる「霞が関のどの省庁が、コロナ中にリモートワークやペーパーレス化を進めたか」というアンケート調査では、環境省が1位となった。

進次郎は嬉しそうにこう語った。

「もともと僕は自民党内でずっとペーパーレス化を進めたり、厚労省のレクチャーをオンラインで受けたり働き方改革を進めてきました。その理由は、国家公務員が無駄なところで汗をかく状況を変えて、本当に国民にとって必要なところで汗をかいてほしいと思ったからです」

働き方改革といえば、進次郎は2020年1月、日本の現職閣僚として初となる育児休暇を2週間取得し、賛否両論を巻き起こした。のちに国会で育児休暇について問われると、進次郎は「取ってよかったと思います。日本でなかなか取得が進まないのは〝空気のせい〟と言われている」と答えた。そして「環境省の職員からも『ボトムアップだけではなくてトップダウンが必要だから、大臣に取ってもらいたい』と言われた。そういったこともあり（休暇を）取ろうとなった」と明かした。

インタビューで家庭での役割分担について聞くと、クリステルさんが自宅で働くときは

「僕が子どもを面倒見たり、また僕が家でテレワークをやっているときは、家にいる妻が見たりですね」と語った。

「息子の爪を切ったり、おむつを替えたり、お風呂に入れたり、ごみ出しをやったり。料理もやりますね。家の中でできることはやるということが、僕の中で当たり前になりました」

私から「一般的には大臣がそんなことをいったら驚くでしょうね」と向けると、「驚かれることにびっくりします」と笑った。

「結構衝撃的だったのは、環境省内で育児の話をしていたら、僕よりも上の世代の職員が『おむつを替えたことがないからわかりません』と。そういうことが当たり前の世代が、今までは世の中の過半数だったんだろうなあって思うと、やっぱり社会って相当変わったし、こういう時間を多くの人が当たり前に取れる、そういう社会に変えたいと思いますよね。

だから環境省の中で、より家庭で時間を取りやすい環境に近づいたというのは、環境大臣としては当然のことだけど、よかったなと思いますね」

「仲間たちと改革マインドを持った政治をやっていく」

また、進次郎は「クールビズの期間なんか関係ない」と職員に伝えた。

「暑いとき寒いとき、何月から何月までといったことまで決めるのではなく、大人なんだから『ネクタイをする、しない』、『何を着る、着ない』は自分で決めていいと言いました。その根底にある想いは、日本の社会はもっと自分のことは自分で決める社会、成熟した社会にしていかなくてはいけないと。周りがこうだからこうしか動けないという社会を、僕は変えていきたいと思っているんです」

私は前著『小泉進次郎　日本の未来をつくる言葉』で、進次郎が総理になるために必要な最低条件として3つを挙げた。その一つが結婚、もう一つが閣僚経験。「その2つを達成しましたね」と聞くと進次郎はほほえんだ。そして最後が「自分の派閥を持つ」だったことを伝えると、進次郎はこう答えた。

「これは、総理になるかならないかは別にして、この人を支えようと思ってくれる仲間がいるかいないかは、政治家として政策をしっかり実現できるかにとって、死活的に重要なことです。ありがたいのは、さまざまな活動で今まで一緒に戦ってきた戦友がいます。その戦友とは、改革できる、風穴を開けられるところはどこだろうと、常に探しているんですよ。このマインドを持った仲間たちとは、どんな立場であれ、改革マインドをもって政治をやっていきたいと思っています」

そして進次郎はこう続けた。

「みんなが万事不満なく、調整できる範囲しか動かないところにはまったく興味がありません。この風穴を開ければ、ボウリングのセンターピンを倒すように政策が次々と動き、社会が変わっていく。こういったところを見定めて戦っていきたいと思いますね。今後デジタル化などさまざまな分野において、こういうところが必要だと思うので、想いを同じくするメンバーたちと頑張りたいと思いますね」

これまで進次郎は、東北の被災地の復興支援、農業・農協改革、社会保障制度改革に取り組む際は、次々とチームを作ってきた。「チーム」は進次郎の政治人生でのキーワードであり、これはのちの総裁選出馬でひとつのかたちを作ることになる。

「菅さんイコール改革だ」

そして、このインタビュー直後の2020年8月、安倍総理が突如辞意を表明し、ポスト安倍に向けた動きが始まった。そして長らく「総理にしたい政治家」を石破氏と分け合ってきた進次郎の動向に再び注目が集まることになった。早速、記者会見で自身の総裁選出馬の可能性について尋ねられると、進次郎はこう答えた。

「総理というのは一人でできる仕事ではありません。仲間が必要です。そういう仲間が支えてくれなければスタート地点には立てません」

これについて記者から、「推薦人が集まらないから出馬できないということか」と再度確認されると、こう返した。

「まず総裁選のルールは20人の推薦ということです。ただ総理になるということは、自分がなりたいという以上に、この人にさせたいという想いが、政治家の仲間、党員、国民の皆さんからあることが大事だと思っています。そういう環境が作られることが、スタート地点に立つということではないでしょうか」

つまり、今回はまだ自身が出馬する環境にないということだ。

ポスト安倍の流れはすぐにできあがった。官房長官の菅氏、岸田文雄氏と石破氏が正式に出馬を表明し、さらに若者を中心に人気が高い河野太郎氏の名前が取りざたされた。こうしたなか、自身の出馬を否定していた進次郎は、河野氏の支持を明言した。

その理由を、「省庁の垣根を越えなければ、また霞が関、永田町のさまざまな難しい壁を越えなければできない改革も、一緒に取り組んでいくことで突破できる可能性を感じます」と語った。

かつて行革担当大臣を務めた筋金入りの改革派でありその突破力への期待感。そして地元が同じ神奈川であり比較的年齢が近いこともあったのだろう。河野氏は進次郎の支持表明について、「進次郎さんも総裁候補たりえる一人だと思いますので、そういう方からそうおっしゃっていただけるのは、非常にありがたいと思っております」と答えた。お互いにエールを交換したかたちだ。

しかし河野氏の所属する麻生派が菅氏を支持する方針を決定したため、急転直下、出馬断念を明らかにすると、進次郎は菅氏支持を表明した。その際に語った理由が「私の抱く菅さんのイメージは安定や継続というより、菅さんイコール改革だ」だった。菅氏と進次郎の地元は同じ神奈川であり、２０１７年の横須賀市長選では、反小泉の現職に挑んだ候補者を進次郎が支援し、その選挙戦を応援したのも菅氏だ。

２０１９年には月刊誌上で進次郎と対談した菅氏が、進次郎の入閣の可能性について「私はいいと思います」と発言し、入閣を既定路線とした。だから進次郎にとって菅氏は、「横浜、隣町の大先輩」（進次郎）以上の存在なのだ。さらに言えば無派閥の進次郎が党内基盤を強化するためには、菅氏のグループはその大きな足がかりとなる。菅氏にとっても進次郎というカードを手に入れることになる。

「政治の世界の戦い、総裁選は権力闘争」

２０２０年9月14日、自民党総裁選は菅氏の圧勝で幕を閉じた。この結果をどう受け止めるか聞かれた進次郎は、こう答えた。

「まず、あらためて安倍前総裁から、菅新総裁にバトンタッチされるのを見て、本当に長期政権というのは大きな偉業だと思いますね。それを受け継ぐ菅新総裁、本当に重い責任をもったうえでのバトンですから、一緒に改革を成し遂げていきたい」

そして菅氏を支持した理由について聞かれると、「改革」と答え、こう続けた。

「間違いなく、菅新総裁のもとだったら改革断行内閣。そして新しいこの令和の時代、そしてコロナ後の新しい経済社会を再設計しなければいけないこの日本と、自民党自身の改革マインドをもって引っ張ってくれる」

さらに自身について聞かれると、「あらためて政治の世界の戦いというもの、総裁選は権力闘争ですから、厳しい現実というのは数字を見ればわかりますよね」と語った。

「多くの議員の理解、そして党員の皆さんの支持や理解、そして国民の皆さんの支持や理解。そういった幾重にもわたる支持の層というものが広がらなければ、あの舞台に立つことはできないと。そういったなかでは、非常に自民党にとっても日本にとっても意味のある総裁選だと思いますね」

進次郎は菅政権を「改革断行政権だ」と評した。

「菅候補が総裁選の期間中ずっと繰り返して言ったことは、改革ですよね。改革意欲のある人を登用すると。改革、この想いは、私は菅さんと一緒ですから。菅総裁が決まったばかりです。今、国民の期待は管さんがどのような改革を具体的にするのか。私は間違いなく一つ一つの規制改革、そして省庁の垣根を越えた改革、一つ一つ突破をしていく改革断行政権だと思います」

一方、この総裁選でまさかの3位となった石破氏に、「前回の総裁選で石破さんを支持した小泉氏は今回、当初は河野さん、そして菅さんを支持しました。この選択についてどう思いますか？」と聞いた。すると、「それは国会議員としてそれぞれの選択があるのですから、進次郎さんの選択もご本人に聞いてみないとわからないでしょう。国会議員それぞれにスタイルがあるでしょう」と答え、連絡があったかを聞くと「いいえ、ないですよ。以前、私を支持してくださったときもありませんでした。それも議員それぞれの流儀があるのでしょう」と答えた。

「日本の重要課題に気候変動が挙がった」

進次郎は環境大臣を留任することになった。菅総理は2020年10月に開会した臨時国会の所信表明演説で、「我が国は2050年までに、温室効果ガスの排出を全体としてゼロにする『2050年カーボンニュートラル』、脱炭素社会の実現を目指すことを、ここに宣言いたします」と、国内の温暖化ガスの排出を2050年までに実質ゼロとする方針を力強く表明した。

「２０５０年カーボンニュートラル」宣言。これは進次郎が安倍政権時代から強く働きかけてきたものだが実ることはなかった。しかし総理自らが、２０５０年と明確な年限を示したうえでゼロにまで踏み込んだことに、海外や国内の産業界は大きく評価した。そして進次郎に課せられたのはその道筋として２０３０年の野心的な削減目標の設定だ。２０２１年３月、私は環境大臣として２回目となる単独インタビューを進次郎に行い、２０５０年脱炭素社会実現への覚悟とその道筋について聞いた。

「前回インタビューしたのは２０２０年の７月でしたが、こんなに気候変動対策が進むとは正直言って想像できませんでした」と私が口火を切ると、進次郎は「私にとっても想像以上です」と語り始めた。

「しかし、日本の重要課題に間違いなく気候変動が挙がったことを多くの方に認識してもらいたいと思います。だけどこのスピードで日本が最速だと思ったら大間違いです。残念ながら日本がカーボンニュートラルを宣言する前から既に動いていた国や地域がありますからそこを見誤ってはいけないし、このスピードが全速だと思っていたらそうした国や地域に追いつけません。気候変動対策によって日本は今よりも豊かになるし、次の世代に対する持続可能な産業と雇用、日本の自然や地球環境を守り、災害リスクも下げられる。だからなんとしてもやり切りたいです」と語気を強めた。

そこで、私はかねてから疑問だった「菅総理は以前から気候変動対策に注目していたのですか？」と尋ねてみた。進次郎は「菅総理はイデオロギーよりも合理性という方だと私は見ています」と述べて、「気候変動対策が菅総理になってからぐっと進んだのは、日本の成長のために何が必要なのかを考えた帰結だと思います」と続けた。

「菅総理が『もはや気候変動政策を強化することは、成長の足かせではなく成長のエンジンなんだ』と本当に腹の底から思って、就任直後の所信表明でカーボンニュートラルを宣言された。もしあのときの決断がなかったら政府を挙げてカーボンプライシングを議論することもなかったし、今のような強度で政策が積み上がることもなかったです。カーボンニュートラル宣言は産業革命の前と後くらいに大きいことだったと思います」

この月、目立たなかった人事だが、菅総理は進次郎を気候変動問題担当大臣に任命した。菅総理はほかにも重要な政策には担当大臣を任命している。たとえば河野氏はワクチン担当、坂本哲志氏は孤独・孤立担当、デジタル担当は平井卓也氏だ。

進次郎は「何を大事にして政策を進めていくのかを人事で見せるのは菅総理の一つのや

り方だと思います」と語った。

「動きやすくなりましたね。まず対外的にわかりやすくなった。アメリカにジョン・ケリー気候変動問題担当大統領特使がいるように、世界各国には気候変動を担当する大臣が増えています。こうしたなか、日本でも初めて気候変動担当が位置付けられました」

また2021年の国会では地球温暖化対策推進法の改正が行われ、2050年までに脱炭素社会を実現する目標が明確にされた。2030年度の温室効果ガス排出削減目標をこれまでの2013年比26％減から46％減に引き上げ、さらに50％減の高みに向けて挑戦することも表明した。また、企業の排出データの開示が義務付けられることになった。

「これは、一内閣の閣議決定ではなく法律です。つまり国際社会に対して日本の政策が揺るがないことを示し、政策に対する継続性と信頼性が間違いなく生まれます。そして今、脱炭素は長期的な投資が呼び込めますから、2050年目標が明記されれば長期投資の予見性が高まる。これはすごい効果がありますね。企業にとっては排出データが開示されることになるので、排出抑制の努力を社会に知ってもらい投資を呼び込みやすくなります。ESG投資の観点からもプラスだと思いますね」

「スプーン狙い撃ちではない。プラスチック全部です」

さらにこの国会ではプラスチック資源循環促進法（以下プラスチック新法）が成立した。プラスチック使用量を削減し脱プラ社会を目指すもので、「ごみを出さないよう設計する」サーキュラーエコノミー（循環経済）の考えが取り入れられ、基本原則として３Ｒ（リデュース・リユース・リサイクル）＋「リニューアブル（再生可能）」を掲げている。

しかし国民的に関心が集まったのは、プラスチックスプーンやフォークが有料化されるかどうかだ。かつて「レジ袋有料化」で叩かれた進次郎にとっては、バッシングが再燃する懸念もあるなか、あえてプラスチックスプーンを例に挙げた真意はどこにあったのか？

「スプーンについて『そんなの全体から見れば１％の話だろう。なぜ大きなところをやらないんだ』という批判がよくあります」と言うと、進次郎はこう理由を明かした。

「まあ賛否両論出ています。ネットではボコボコ、新聞は賛成ですがテレビは賛否両方ですね（笑）。ただ石炭火力のときも当初は批判されましたが、結果的に脱炭素に向けた政策が一気に加速しました。このプラスチック新法をはじめ、環境政策は一部の産業界だけが取り組むべき問題ではなく、国民全体で考えてほしいので、使い捨てスプーンのような身近なアイテムから注目してもらおうと例に挙げました」

いわば炎上覚悟で認知度アップを狙ったということか。

「なぜスプーンが狙い撃ちされるんだという批判に対しては、答えは明確です。スプーン狙い撃ちではありません。プラスチック全部です。スプーンは一つの例で、プラスチック製品全部が対象だと説明をし、理解を広げていきます」

また、このインタビューで進次郎は2030年の再生可能エネルギーの目標比率22％から24％を「倍増させたいと思う」と意欲を示した。

「再エネの主力電源化というのは政府全体の統一的な意思です。私はそれを本気でやりたいと思うし、そのためにはこの10年で現状と比べてせめて倍に持っていかなければ、その意思が伝わらないと思います。菅政権は明確で、第一に再エネ。とにかく再エネを増やし、主力電源化する。原子力を含めた他の電源は活用するけれど、原子力への依存度を可能な限り低減させる」

そして、再エネのなかで期待しているものとして地熱発電を挙げた。

「まず再エネの中でベースロード電源として期待されるのが地熱発電です。環境省では地域の地熱にかかわる業界、たとえば温泉業界の皆さんの不安を解消し、秩序ある開発が加速するよう具体的にどういうことができるか議論をしているところです」

インタビューを終えようとしたとき、進次郎は「最後に一言付け加えると」と言ってこんなことを語りだした。

「大きな産業構造の転換について『コロナで大変な今なのか』という議論が時々あるんですけど、世界はコロナの中で一気に構造転換を進めようとしています。コロナが終わった後に脱炭素型の産業構造になった国と、構造変化に躊躇したり手を緩めた国の断絶は計り知れないものになりますね。構造転換できなかった国にはV字回復はないという危機感をもって、絶対に前に進めないといけないと思います」

「若い世代だからこそ貢献できることは？」

2021年8月、進次郎はフジテレビ夏のイベント「バーチャル冒険アイランド」のステージトークに出演し、Z世代を代表する東京、横浜、福島の中高生と気候変動や環境問題についてトークセッションを行った。

進次郎はその冒頭、中高生との議論を「すごく貴重な機会」だと語った。「環境大臣になってから、政治家になっていちばん学生さんから手紙をもらっているんです。それぐらい若い世代の気候変動と環境問題の意識がすごく高い。ＳＤＧｓを学校教育でやり始めた影響がかなり大きいと思います」

参加した高校生から「若い世代だからこそ、環境活動に貢献ができることは何かあったりしますか？」と聞かれると、「いっぱいありますね」と答えてこう続けた。

「たとえば生徒会でこれからプラスチックごみを減らすために何をするかということも考えられるだろうし、再生可能エネルギーを学校に導入を求めることもできると思います」

また、続いて別の生徒から「環境問題は対策の効果が表れるのが数十年後ですけど、政治家の任期はずっと短いです。この期間と任期のギャップをどう捉え、環境保護を行っていくつもりでしょうか」という質問があった。これに対して進次郎は「すごく大切な視点ですね」と感心しながらこう答えた。

「将来、効果が着実に出てくる新たなルールを作ることが、今やらなければいけないことだと思っていて、たとえば前国会で成立したプラスチック新法。今のままプラスチックがどんどん川から海に流れていくと、海の中の魚よりもプラスチックのほうが多くなってしまう。それは今すぐに全部を止められるわけではないけれど、早く始めなければいけないから、法律を作りました」

別の生徒はこんな質問をした。

「カーボンニュートラルに対して私たち国民はまだ傍観者かなと思います。私たちは具体的にどのようなことをやっていけばいいですか。また、２０５０年に達成できたとして、そのときの日本はどのような姿になっていますか」

これに対して、進次郎は身を乗り出してこう答えた。

「まず今日からどんな小さなことでもいいから、何か一つ始めてください。マイバッグでもマイボトルでも。きょう家に帰ったら家族でこのイベントの話をしてください。そして家の電力契約について再エネかどうか聞いてください。生活の中で何か一つ変えると次の変化を見つけることが楽しくなります。そうやって一人一人が生活のあり方をより環境負荷の低いものに変えていくことを、皆さんにやってほしいと心から思っています」

そして、進次郎はこう続けた。

「２０５０年にどのような社会になっているか。今よりも災害のリスクに怯えることのない、そして日本は経済や生活の基盤の多くを海外に依存しているけれど、２０５０年の日本では地域の中で経済や暮らしが自立分散型で持続可能な社会になっていくように、今、政策を一つ一つ積み上げています」

イベントに出演した高校生はこう感想を述べた。

「私は今までSDGsは結構遠いことだなと感じていました。政府の人がやって私たちはかたちだけというような感じで生活していたんですが、今日の話を聞いてさまざまなことが変わってきていて、こんなにも自分にとって身近なことだと実感できてとても楽しかったです」

若い世代へ地球をつなぎたい。進次郎の意思のバトンが渡されたひとときだった。

第9章

敗北

2021年〜

小石河連合、敗れる

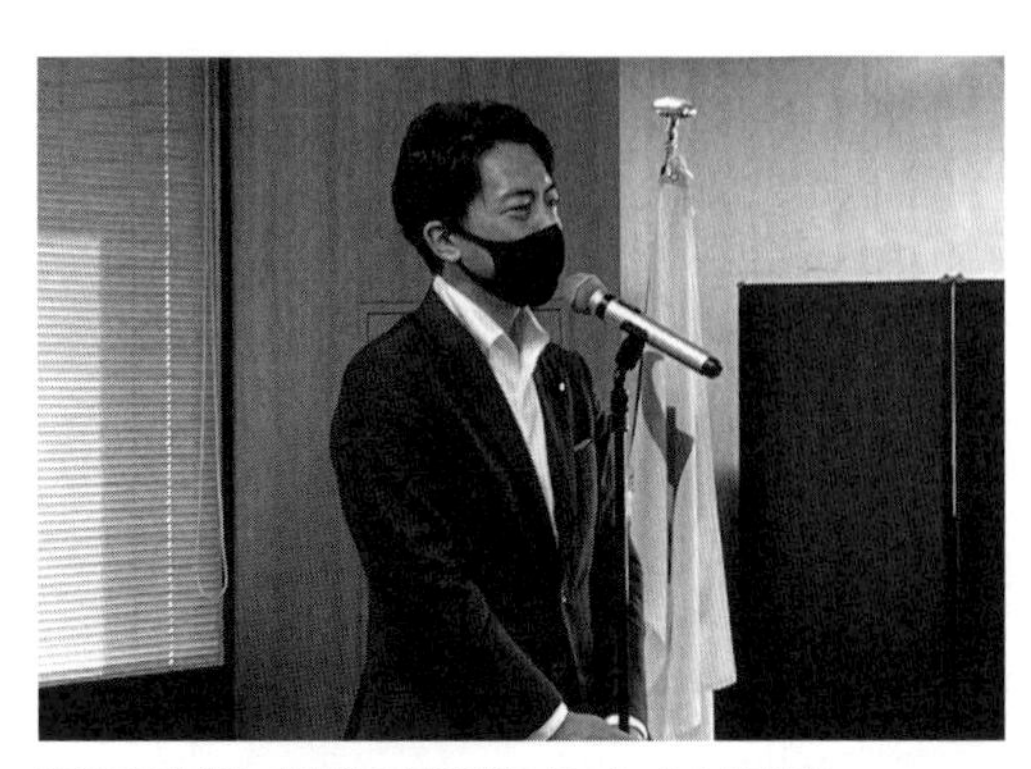

2021年10月5日、環境省で大臣退任のあいさつをする進次郎

「こんなに仕事をした総理はいなかった」

2021年9月3日、「菅総理、自民党総裁選に出馬せず」の一報に永田町と霞が関に激震が走った。新型コロナウイルスの感染拡大が続き、各地で医療がひっ迫。それに伴い菅内閣の支持率はこの夏下がり続けていた。

また、菅総理の地元・横浜では菅総理が後押しした市長選候補が野党推薦の候補に大敗するなど菅総理の求心力は急速に失われ、次の選挙に向けて党内ではさまざまな不満や不安が渦巻いていた。

次の総裁選で菅総理の支持を早々と表明し、菅総理と面談を重ねていた進次郎だったが、不出馬を知ったのは菅総理本人からではなく、当日大臣室で見た速報でだった。そして夕方、官邸に出向いて菅総理と会った進次郎は、記者団に悔しさを滲ませながらこう答えた。

「私としては総理が批判されてばっかりでしたけど、こんなに仕事をした、結果を出した政権はなかったと思う。そのことが正当な評価を受けるような環境をつくりたい。その想いで総理を支えてきました。総理のご判断が今日ありましたが、最後まで菅内閣の環境大臣として総理と仕事をしたいと思います」

　進次郎はここ数日、菅総理と何度か話し合いの場を持ってきた。そこで菅総理に対して総裁選不出馬も選択肢だと進言したことがあったという。

「現職の総理総裁が総裁選に突っ込んでぼろぼろになってしまったら、やってきたいいことすら正当な評価を得られない環境に総理を置いてしまうのではないか。本当にそのことが総理を支えるということなのだろうか。私はそういう想いを持っていたので、総理にあらゆる選択肢を含めてご意見していました。常に総理は耳を傾けながら率直に向き合う時間を取ってくれました。最後は総理のご判断です」

　最後に進次郎は、目に涙を浮かべ、時に言葉を詰まらせながらこう語った。

「私がすごく悔しいのは、総理が人間味のない方だと思われている節があることです。まったく逆で温かい方ですね。懐の深い方で、息子みたいな歳の私に、〝引く〟という選択肢まで含めて話をする私に対して常に時間をつくってくれて……感謝しかないですね」

　そして、あらためて菅総理を最後まで支えていく決意を述べた。

「思い出すとたくさんの言葉が浮かんできます。批判されるべきことはたくさんあると思う。だけど菅総理でなければできなかったこともたくさんあります。そういう仕事をしてきたのが菅総理だということを一人でも多くの方にご理解いただきたい」

その翌週の記者会見でも、進次郎はあらためて悔しさを語った。

「私からすれば力不足でお支えしきれず申し訳ない気持ちと環境行政・気候変動対策、ここまで2年間でこれだけ政策実現につながったのは菅総理のブレないリーダーシップとサポートがなければなかったので、そういった思いがあふれました」

「やはり菅政権の最大の成果の一つは、日本のエネルギー政策を大転換させたことです。再生可能エネルギー最優先の原則という、今までエネルギー基本計画に書かれたことがなかったことをさまざまな抵抗や声があったにもかかわらず、ずっと引っ張ってくれた。その方針が決して揺り戻されることがないようにしなければならない。そういう思いです」

コロナ対策でつまずいた菅総理だったが、環境政策・気候変動対策においては突出したスピード感で政策を次々と実現していった。所信表明演説で「2050年カーボンニュートラル、脱炭素社会の実現を目指す」と宣言し、さらに「温暖化への対応は経済成長の制約ではなく、産業構造や経済社会の変革をもたらし大きな成長につながる」と語った。これまでの国の環境政策の大転換に産業界は驚き、本気で環境対策に向かう流れが一気に生まれた。

また進次郎は梶山弘志経産大臣とタッグを組んで、２０３０年度までに温室効果ガス46％削減という目標を立て、エネルギー基本計画では再エネ最優先の原則のもと再エネの比率を現行の22～24％から36～38％に引き上げた。さらに地球温暖化対策推進法（以下、温対法）改正では、「２０５０年カーボンニュートラル」を基本理念として明記した。まさに「環境省がやってきたことが政権のど真ん中に位置付けられた」（進次郎）のだ。

しかし、菅総理の退陣で環境政策の舵取りも進次郎から後任にバトンタッチされることになった。

「既得権益に対する戦いをなぜやるのか」

そして9月17日、総裁選が告示され、河野氏、岸田氏、高市早苗氏、野田聖子氏の4氏による選挙戦がスタートした。目前に迫る衆院選で戦う顔を選ぶ総裁選で、進次郎は河野氏支持を表明し、その理由をこう述べた。

「改革に対する揺るぎない意思と既得権益に対する戦いをなぜやるのか、今のままだったら次の世代に向けて雇用や産業の基盤が開けない。その目詰まりを起こしている。大切なものは守りながらも次の時代の産業や雇用を創るためには、時にはぶつかり合いながらでも変えていかなければいけない」

一方で、「今のエネルギー基本計画では日本の産業は成り立たない」と主張する候補者の高市氏には「再生可能エネルギー最優先の原則をひっくり返すのであれば、間違いなく全力で戦っていかなければならない」と反発した。

「原発を最大限増やして脱炭素を達成したいと思うのか、再エネを最優先・最大限に導入して達成したいと思うのか。この対立の構図だと思う。私は再エネを最優先・最大限に達成することが日本の将来だと。まさに国を愛する者として歴史的な命題であるエネルギーの安全保障を確立したい。再エネの豊富な潜在力を最大限に活かすため、あらゆる規制を取っ払っていくことだと思っています」

そして、総裁選に向けて岸田派や安倍派の動きをこうけん制した。

「私が何よりも求めているのは派閥の力学によって成り立つ政権ではなく、国民の声がしっかり反映される政権だ。国民の支持によって決まり、対話し理解と共感を得ながら課題について前に進めていく」

「完敗に近い。負けは負けです」

9月29日に開票が行われた自民党総裁選は、決選投票にもつれ込んだものの下馬評どおり岸田文雄氏が勝利した。河野氏は世論調査で絶大な人気を誇り、さらに人気では2位、3位であった石破氏、進次郎と「小石河連合」を組んだことで総裁の椅子に最も近くにいたはずだった。

総裁選後、河野総裁の実現を目標にやってきた進次郎は悔しさを滲ませた。

「全力で河野さんを応援して負けました。完敗に近い。負けは負けです。ルールの中でやって負けたんです。今日ご本人が『河野太郎を支えることは大変なことだ』と言っていましたけど、支えるのは大変な方でしたが支えがいがありました。河野さんが総裁になったら間違いなく今日みたいな何年間変わってないかわからないこの総裁選の開票作業の長さとか、総裁選のあり方を変えてくれる。私はそういう姿を想像していましたから、河野さんを勝たせたかったですね」

そして、岸田陣営についてこう続けた。

「やはり地道な活動って大事だと思います。日頃からの議員の皆さんとの関係構築も、国民や党員の皆さんとの地道なつながりと同様、非常に大切なことだと思います。全体からいえば活動の中で岸田陣営は総合力を発揮されたと思います」

岸田陣営のある議員は投票会場に向かう際、私に「うちは1回目で1位取れそうですよ」と自信たっぷりに語った。1回目の投票で河野氏は、当初議員票で100票弱は取れると見られていたが、86という数字が発表されると記者の間からどよめきが起こった。そして岸田陣営の予想どおり、1回目の投票で1票差ながら岸田氏が1位となった。まさに岸田陣営の票読みの力が表れたかたちだ。

小石河連合は派閥の力学を前に機能しなかったのか？　記者からその点を質問されると、進次郎はこう語った。

「そこは政治の現実として、自民党内の現実として重く受け止めなければ、この教訓を次に活かされないと思います。全力でやって、壁は厚く高く完敗に近い。戦わなければ見えてこないものが多く見えました。そして立場を鮮明にして戦わなければ得られない友も仲間もできました。今回の学びや教訓を活かして次に向けて進んでいけるよう、より一層努力をしたいと思います」

今回の総裁選は菅総理が立候補を断念したことから始まった。官邸で「退陣も選択肢だ」と菅総理に進言し、結果的にその引き金を引いたのはほかならぬ進次郎だった。議員の間から「最大の功労者は小泉さんですよ。実は皆さん、小泉さんに感謝していると思います。これで衆院選は戦えます」という声もあった。進次郎は岸田新総裁への言葉で会見を終えた。

「衆議院選挙があります。今回の党員の皆さんの声、今のままの自民党でいいという声ではないと思います。そういった声を体現しながら前に進めて課題を一つ一つ乗り越えていただきたいと思います」

「人生にとって大きな節目が重なった」

2021年10月31日。衆議院選挙の投開票が行われ、自民党は15議席を減らしたものの「絶対安定多数」を確保し、公明党と合わせて与党で過半数を占めた。一方、野党では立憲民主党が後退、共産党も議席を減らし、日本維新の会は選挙前の4倍近い議席を確保して第3党に躍進した。

岸田新総裁は自民党役員と官邸の人事を行った。岸田総裁誕生に貢献した甘利明氏が幹事長、総裁選で争った高市氏が政調会長に就任。総裁選で原発とエネルギー政策を巡り対立した高市氏、元経産大臣の甘利氏が幹部となったことで、霞が関には菅＝進次郎が進めてきた再エネ路線をひっくり返す「経産省内閣復活か」と衝撃が走った。

当初は重要閣僚に処遇されると思われた河野氏は、党の広報本部長と「閣僚経験者としては格下」（関係者）に冷遇され、石破氏や進次郎は無役となった。対抗勢力に報復人事が行われるのは、政治の世界の〝常道〟だ。

進次郎は2年間大臣として過ごした環境省を去った。退庁に先立ち進次郎は環境省の幹部を前に最後のあいさつに臨んだ。

「皆さん大変お世話になりました。2年前のことを思い返しても、本当に非力な私を全力で支えていただいて、そのおかげで2年間、世の中を皆さんとともに前進させられたと思っています。大臣に就任したときに、環境省は社会変革担当省になると言いました。2年前のことを思い返せば、その言葉は嘘でなかったと思います」

進次郎が在任した2年間は、石炭火力政策の見直しや、２０５０年カーボンニュートラルの目標設定、再生エネルギー最優先の原則の位置づけなど、環境省の施策はまさに「社会変革以外の何物でもない」（進次郎）進展を見せた。そして進次郎はこの2年間を「自分の人生にとって大きな節目が重なった」と語った。

「子どもが生まれて、大臣として『男性育休を取ってくれ』と言ったのは環境省の職員です。その後にコロナとなり、大臣という政治家としての大きな変化があった。正直言って、この変化の連続に私自身四苦八苦しながら、必死に自分を合わせていこうという2年間だった気がします。あらためて私は確信をしています。政治と行政、政治家と官僚で熱い想いが一致したとき、世の中の大きな変化は実現できる。それを実証してくれた2年間、心から皆さんに感謝申し上げたいと思います」

最後に進次郎は幹部と職員に対してこう語った。

「心残りは、コロナじゃなければ飲み会や慰労会で『ありがとう』と言えたのに、それができなかった日々のまま終わることです。コロナが明けてそのときが可能になったら、私がどんな立場でもやりましょう。そのときを楽しみに、一衆議院議員として頑張っていきます。皆さん本当にありがとうございました」

そして進次郎は職員からもらった花束を手に、見送りの職員約40人に頭を下げながら退庁した。

進次郎は政治の表舞台から去り、「一兵卒」の衆議院議員に戻った。ちょうど1年前、総裁選に敗れた岸田氏は「岸田は終わった」と揶揄され、党の役職に就くこともなく表舞台から姿を消した。そのとき、1年後に岸田氏が総理になると予想した者はほとんどいなかっただろう。

進次郎は初当選以来、党の青年局長からスタートし、復興大臣政務官を経て党の農林部会長に抜擢され、筆頭副幹事長、厚労部会長、そして環境大臣と出世街道をばく進してきた。

しかし、大臣就任前後からバッシングの嵐が吹き始め、ついに総裁選で敗北し「冷や飯を食う」ことになった。

かつて未来の総理ポストを嘱望された進次郎が、捲土重来を期して再び表舞台に戻ることができるのか、私は引き続きウォッチしていくことを決めた。

第10章

狼煙(のろし)

2022年〜 ライドシェア、そして総裁選へ

2024年9月12日、総裁選の出陣式にて

「今は統一地方選挙が最大のテーマ」

大臣退任後、進次郎の動静がマスコミに出ることはほとんどなくなった。2022年4月には神奈川県連会長となったが特に話題にのぼることはなく、9月の党役員人事で国会対策副委員長に起用されたことがサプライズだったくらいだ。国対副委員長は10人以上いて、通例では中堅議員が就く職だ。進次郎のような閣僚経験者が国対副委員長に就くのは異例といっていい。「本人が希望した」と関係者から聞いたとき私は、「今さら雑巾がけでもないだろう」とその真意を訝った。

それでも進次郎には「国政をテーマにインタビューをさせてほしい」と言い続けてきたが、年が明け2023年になっても進次郎は神奈川県連会長として「今は神奈川県知事選挙、統一地方選挙が最大のテーマ」「何かあればまた」とインタビューを受けることはなかった。

今は水面下に潜って、表舞台に出る時期ではないと決めたのか――。

私はその真意を探りながら、時期が来るのを待つしかなかった。

この頃、進次郎はインスタなどSNSでの情報発信に力を入れていた。あるとき「『進次郎さんは最近どうしていますか?』とよく聞かれますよ」と水を向けると、「インスタを見ている方はよくわかると思います」という答えが返ってきた。

東京電力福島第一原発の処理水海洋放出に伴い、地元で風評被害を懸念する声が上がった際には、福島に想いの深い進次郎は南相馬市の海岸でサーフィンを行ってインスタに映像を上げ話題になった。

「世の中の皆さんは移動で困っている」

しかし、復活の狼煙は突然上がった。進次郎がテーマにしたのは、「ライドシェア」だ。2023年10月、岸田総理は所信表明演説で「ライドシェアの課題に取り組む」と導入の検討を表明した。タクシードライバーの数は、コロナ前の約29万人から2割減って約23万人となった一方で、コロナ明けで外国人観光客やビジネスの往来が急増。国民のタクシー不足感は高まっていた。

さらに進次郎の「心の師」でもある菅前総理や、総裁選で進次郎が支持した河野氏がライドシェア導入の急先鋒となり、ライドシェア解禁に向けた議論の必要性を唱えた。また神奈川県知事の黒岩祐治氏もライドシェア導入を訴えていた。菅氏も河野氏も地元は神奈川県であり、それに県知事と進次郎が加わって、ライドシェア推進派はまさに「チーム神奈川」だった。

10月27日の衆議院予算委員会。質問に立った進次郎は「今、世の中の皆さんは移動で困っている」と述べ、タクシー業界の規制緩和とライドシェア導入について、岸田首相に訴えた。主張したのは、タクシー不足解消のためのタクシー業界の規制緩和だ。

さらにライドシェアを巡って、進次郎らは超党派の国会議員による勉強会を立ち上げた。11月22日に行われた第1回「超党派ライドシェア勉強会」では上座の中心に進次郎がどっしりと座り、事務的な取りまとめを行う立憲民主党の荒井優氏が脇に座った。また、自民党や立憲民主党、日本維新の会など与野党の有志の国会議員約40人が出席した。

この日は首長からの要望を受けるかたちで、北海道函館市の大泉潤市長や奈良県吉野町の中井章太町長、大分県別府市の長野恭紘市長らが出席した。会議後、進次郎は記者に対し「地域社会が多様な選択肢を求めていることをあらためて確認できた。具体的に懸念を払拭できるような対応策を政府に求めたい」と胸を張った。

私は久しぶりに進次郎が表舞台に登場したことに安堵した。

「タクシーかライドシェアかではなく、両方ある」

これまでインタビュー取材の申し込みに消極的だった進次郎だが、「ライドシェアについて話を聞きたい」という私の申し出を快諾し、久しぶりに単独インタビューが実現した。そもそも海外を旅行すれば、欧米はもちろん、アジアでもライドシェアがあるのは当たり前で、むしろライドシェアがないと不便だし不安でもある。なぜここまで日本、特に永田町はライドシェアの導入に慎重なのか、その背景を進次郎に聞いてみたかった。

進次郎はまずタクシー業界の規制緩和について語り始めた。そして自身をライドシェア推進派ではなく、タクシーとライドシェアの共存派だと強調した。

「ライドシェアだけの世の中になるのではなく、タクシーは引き続きあるし、タクシーをいま以上に増やすための規制緩和をやるのです。一方でタクシーだけでは賄えない需要を満たし、新たな需要を創出するためにライドシェアも選択肢の一つにする」

ライドシェア導入への慎重派や反対派が理由として挙げるのが安全性だ。これについて聞くと進次郎は「もしライドシェアは不安だという方がいたら、タクシーに乗ればいいのです」という。

「大事なことはタクシーかライドシェアかではなく、タクシーもライドシェアもあるということです。実際にアメリカやオーストラリアではタクシーとライドシェアが共存します。ライドシェアを導入した国で、ライドシェアだけになった国はありません。そこが誤解されていると思います」

そして進次郎は安全性についてこう続けた。

「もう一つ大事なことは、タクシーもライドシェアもリスクがゼロではないということです。タクシーにも事故はありますし、タクシーのドライバーさんによる事件もあれば、タクシーの利用者による事件もある。ですから最近、安全性についての議論が特に反対派、慎重派の方々から出ますけど、建設的な議論にならないと思いますね」

タクシー業界では、営業所で出庫前と帰庫後にドライバーの呼気点検や本人確認が行われている。また毎日車両の点検が行われるほか、3か月定期点検や毎年の車検もある。慎重派や反対派は、ライドシェアがタクシーと同様の安全対策が可能なのかと疑問を呈している。これに対して進次郎はこう強調する。

「ライドシェアが運行や車両、ドライバーさんの健康状態をどのようにチェックしていくか。まずは義務付けることです。たとえばオーストラリアではアプリによって12時間を超えると運転ができなくなるというかたちで安全な運行管理をしています。車検や保険、ドライブレコーダーの設置も義務付ければいいと思います」

そして進次郎は反対派に対して、「タクシーとライドシェアは違うことを、もう少し理解してほしい」と訴える。

「たとえばタクシーは流しをやめられるが、ライドシェアはできない。タクシーはアプリを使えなくても電話で呼べる。タクシーの料金は定額制ですが、ライドシェアは日時や天候、混み具合によって料金が変わる。もしそれが嫌だったらタクシーに乗ればいい。反対する人の理屈でいちばんひどかったのは、『ライドシェアなんてよくわからんけどダメだ』と。ダメなのはいいけど、わかる努力を少しはしたうえでダメと言ってほしいですね」

さらに進次郎は「私も安易なライドシェアには断固反対です」と続ける。

「安易なライドシェアとは、保険の加入義務もない、安全な運行管理の責任主体が不明確、または置かないケースです。定年後、または年齢を問わず健康であって働きたいと思う人が、自分の働きたいときに一定の収入があるかたちで働ける選択肢を持つ。そうした経済社会をつくる、広く見ればシェアリングエコノミーをもっと広げていくというのが大事です。そのための一つの分野というのが、ライドシェアだと思いますね」

私がインタビュー中に感じたのは、進次郎は常に「選択肢を広げる」のを大切にしていることだ。これはのちに進次郎が立候補する総裁選において、「選択的夫婦別姓制度」の法案提出を打ち出したことにも表れている。ライドシェアの議論はタクシー業界主導の「日本版ライドシェア」が立ち上がったことでいったん決着するが、のちに進次郎は総裁選の主要テーマ、改革の柱の一つとして再び取り上げることになる。

岸田総理不出馬、異例の総裁選スタート

2024年8月14日、岸田総理は臨時記者会見を開き、9月の自民党総裁選に立候補しない意向を表明した。

「お盆が明ければ、いよいよ秋の総裁選挙に向けた動きが本格化することになる。自民党が変わる姿、新生自民党を国民の前にしっかり示すことが必要だ。そのためには透明性で開かれた選挙、何よりも自由闊達な論戦が重要だ。自民党が変わることを示す最もわかり

やすい最初の一歩は、私が身を引くことだ。私は来る総裁選には出馬しない」

総理在任中の約3年間、防衛費の増額やG7広島サミットなどを実績として残した一方で、旧統一協会問題や派閥の政治資金パーティーを巡るいわゆる裏金問題で国民の自民党への不信を招いた責任を取ったかたちだ。

これまで新聞・雑誌からテレビの情報番組やネットに至るまで、自民党のこうしたスキャンダルは国民的な関心事として報じられてきた。しかし、表立ってこれらの問題に対してモノ申してきた自民党の若手議員はほとんどいなかった。

ところが、岸田総理の総裁選不出馬表明から1週間もたたない19日、最初に名乗りをあげたのが経済安全保障担当大臣の経験もある「コバホーク」こと小林鷹之氏だった。49歳の小林氏は「当選4回、40代、普通のサラリーマン家庭で育った私が派閥に関係なく、今この場にこうして立っている事実こそが自民党が本気で変わろうとする象徴になる。自民党は生まれ変われることを証明したい」と語った。

その記者会見には、小林氏を支援する20人を超える議員が同席した。そのメンバーで私が注目したのは、かつて進次郎の盟友として共に農業改革に取り組み、「小泉進次郎総理が誕生すれば官房長官」と言われた福田達夫氏がいたことだ。

ただ福田氏は前回の総裁選で若手議員をまとめ上げて「党風一新の会」を結成した際、小石河連合から距離を置くなど「進次郎離れ」が進んでいた。

岸田政権発足時に福田氏は総務会長に抜擢されたものの、その後、旧統一教会を巡る発言が問題視され、ポストを外されることになった。しかし、岸田総理の立候補断念前に世代交代を訴える党改革試案を公表するなど、若手リーダーを求める動きをしていたので、私はひそかに進次郎との再結成を期待していた。小林氏の記者会見後、福田氏は「刷新感のある候補」だと評した。

一方、進次郎の立候補を巡っては、「40代の小林氏が出馬表明したことで、同じ若手として対抗して出ざるをえないのではないか」「父親（純一郎氏）が『まだ若い』と反対しているので難しいのではないか」などさまざまな憶測が永田町を駆け巡った。しかし小林氏の記者会見の翌日、「出馬の意向を周囲に伝えた」との一報が流れると、進次郎の周囲はがぜん騒がしくなった。さらに石破氏や河野氏、高市氏らの出馬に向けた動きが次々に明らかになり、永田町は一気に前代未聞の総裁選モードに突入した。

進次郎の出馬表明の記者会見は8月30日の予定だったが、台風の影響で翌週9月6日に延期されることになった。その前日の9月5日に進次郎は、地元神奈川の進学校を訪れ、野球部員の前で自身が高校球児だった時代を振り返って、「今こうやって政治をやっていても、自分の中のモットーは、迷ったらフルスイング。そんな思いでやっています」と語った。

それを聞いて私は、かつて被災地福島で設立に尽力した「ふたば未来学園」で、生徒たちに「迷ったらフルスイングだ」と語っていた話を思い出した。

「迷ったらフルスイング」

今回はこの言葉で自分自身を鼓舞しているのだろうなと思った。

「答えを出していない課題に決着をつけたい」

9月6日、自民党総裁選に戦後最も若い候補者として、進次郎は立候補を表明した。戦後に最も若くして総裁に就任したのは安倍晋三氏。２００７年、51歳で総裁に選出された。戦前で最も若く総理に就任したのは初代の伊藤博文で44歳だ。

進次郎は冒頭「今回の総裁選は自民党が本当に変わるか、変えられるのは誰かが問われる選挙」としたうえで、「自民党が真に変わるには、改革を唱えるリーダーではなく、改革を圧倒的に加速できるリーダーを選ぶことです」と語った。

「この5年間でもコロナ、戦争、ＡＩやデジタルの進展、気候変動、私たちの身の回りも世界も大きく変わりました。私自身も2児の父親になったことが人生の転機になり、それまでとはものの見方が大きく変わりました。正直、こんなにも変わるとは思いませんでした。自分のことより子どものこと。自分の人生より子どもの未来。子どもたちの日々成長する姿を見る喜びと同時に、子どもたちの未来に責任を持つ政治家として、今、政治を変えなかったら子どもたちの時代に間に合わない。

政治の決定のあり方、政策の強度、速度を圧倒的に上げなければ、間に合わない。そんな危機感が募り、今、私はここに立っています。

私は総理になって、時代の変化に取り残された日本の政治を変えたい。長年議論ばかりを続け、答えを出していない課題に決着をつけたい。そして、大きな課題ばかりだけでなく、一人一人の小さな願いも届くような政治を実現したい」

そして自分が総理総裁になったら1年以内に実現するとして3つの改革を語った。

まず1つ目が「政治改革」。政治資金問題について「政策活動費の廃止」「旧文通費の公開」「残金の国庫返納義務付け」を挙げた。

2つ目が「聖域なき規制改革」。労働市場改革とその本丸として解雇規制の見直しやライドシェアの解禁。3つ目は「人生の選択肢の拡大」。年収の壁の撤廃、労働時間規制の見直しと選択的夫婦別姓の導入。そして総理総裁になれば、衆議院を早期に解散し国民の信を問うと語った。

さらに中長期の構造改革として、まず「強い経済」。スタートアップ支援強化、イノベーションを加速するための大学等の見直し、教育のレールの複線化に向けた教育抜本改革、そして低所得者や中小企業への支援を挙げた。また「強い外交」として中国や北朝鮮と首脳レベルで向き合う。そして最後に「憲法改正」。自衛隊の明記、緊急事態対応、合区解消、教育充実の4項目の改正を挙げて、国民投票を実施したいとした。

この会見ではちょっとしたハプニングがあった。あるフリーのジャーナリストが、「小泉さんが首相になってG7に出席したら、知的レベルの低さで恥をかくのではないかと、皆さん心配している。それこそ日本の国力の低下にならないか。それでもあえて総理を目指すのか」と挑発とも取れる質問をした。これに対して進次郎は、動じることなく「足りないところが多くあるのは事実だと思う。その足りないところを補ってくれる最高のチームをつくる」と答えた。

「4番バッターでフルスイング」

9月12日、総裁選の公示日に進次郎は出陣式を行った。選挙本部となるのは自民党本部から歩いて数分のところ。自民党戦後政治の舞台となった砂防会館の傍にある、起業家が集うオフィスビルのワンフロアだった。

出陣式には、かつて社会保障改革で「小泉小委員会」の「助さん・格さん」と言われた元内閣府副大臣の小林史明氏が広報を仕切り、現役官房副長官の村井英樹氏も姿を現した。村井氏は岸田派に所属していたが、岸田氏の総裁選不出馬でフリーハンドを得たかたちだった。とはいえ、ある関係者は私に「今の上司（林官房長官）が立候補しているのに、ありがたいですね」と語った。

また、少子化担当大臣だった小倉将信氏や進次郎と米ワシントンのCSISで共に働いていた外務副大臣の辻清人氏もいた。コアとなるメンバーは40代が中心で、改革の柱とした「解雇規制の見直し」や「選択的夫婦別姓の導入」は、進次郎を中心にこうした若いチームから生まれた。

ほかにもこども政策担当大臣でコロンビア大学院の学友でもある加藤鮎子氏や、自らの立候補を断念し進次郎の推薦人に名前を連ねた野田聖子氏もいた。さらに陣営には出馬を断念した現役の経産大臣で、当選同期「四志の会」の齋藤健氏も加わった。

進次郎は「9人という史上最多の総裁選立候補者の数を見て、野球をやってきた私らしいなと。そして何番になるかなと思っていたらなんと、高校野球時代も4番を打ったことのない私に4番を与えていただきました。4番バッターとして思い切ってフルスイングしてこい。その舞台を整えていただきました」と、立候補の届け出順が4番目だったことを持ち出し、またもや野球ネタで勢いをつけ、最後は円陣を組んで長い選挙戦へと突入した。

以下は、進次郎の推薦人名簿だ。

【衆院】鷲尾英一郎（二階派、比例北陸信越）、赤間二郎（麻生派、神奈川14）、大串正樹（無派閥、比例近畿）、加藤鮎子（無派閥、山形3）、小寺裕雄（二階派、滋賀4）、小林史明（岸田派、広島7）、武村展英（無派閥、滋賀3）、田中良生（無派閥、埼玉15）、辻清人（岸田派、東京2）、野田聖子（無派閥、岐阜1）、長谷川淳二（無派閥、愛媛4）、古川直季（無派閥、神奈川6）、穂坂泰（無派閥、埼玉4）、星野剛士（無派閥、比例南関東）、山田美

樹（安倍派、東京1）、山本有二（無派閥、比例四国）
【参院】朝日健太郎（無派閥、東京）、阿達雅志（無派閥、比例）、三原じゅん子（無派閥、神奈川）、三宅伸吾（無派閥、香川）

また、進次郎を支えたのは「心の師」である菅氏だった。進次郎の出馬会見の2日後、地元神奈川の横浜で開かれた街頭演説に登場した菅氏は、「進次郎さんに日本のかじ取りを託したい」と訴えた。

さらに旧安倍派に影響力を持つ森喜朗元総理も「党の代表として進次郎さんが一番いい。父親譲りで決断が早い」（北国新聞インタビュー）と語るなど、若手から総理経験者まで支援を取り付けている。

「寛容で包容力のある保守政党をつくりたい」

告示日には党本部で、高市氏、小林氏、林氏、上川氏、加藤氏、河野氏、石破氏、茂木氏と進次郎の9人の候補者による所見発表演説会が行われた。そこで進次郎は自らの「保守」をこう語った。

「私の原点は地方、現場にある。その土地の歴史の中で代々育まれ守られてきたものを大切に継承しつつ、現実や時代の変化に合わせて改めるべきものは改めていく。それが私の大切にする包容力ある保守の精神です」

　そして「私自身がそんな人生を歩んできました」と自らの生い立ちを語り始めた。進次郎の幼少期に両親が離婚して、純一郎氏が兄・孝太郎氏と進次郎を引き取り、純一郎氏の実姉が同居して育て、進次郎は中学2年生まで叔母を実の母と信じていた。

「両親が幼いころ離婚し、中学2年までそのことを知らず、母親と思っていた人は叔母でした。兄と2人兄弟だと思っていたら、弟がいると告げられたのもそのときでした。大学生になり初めて苗字の違う弟と会いました。親父とそっくりでびっくりしました。一瞬でそれまでの距離と空白が埋まりました。ただ、それでも私を産んでくれた母に会う気にはなれなかった」

　そして、産みの母に今年初めて会ったことを語り始めた。

「会ったら母親代わりに育ててくれた叔母を裏切ることになると思った。そんな思いに変化が生まれたきっかけは、私自身が子を持つ親になったことでした。今年、初めて母に会いにいきました。詳しくは控えますが会ってよかったと思っています」

そして、進次郎は選択的夫婦別姓の導入法案を国会に提出する真意をこう語った。

「43年間会うことなく、苗字も違う。それでも家族は家族。私はそんな人生を歩んできたから、誰もが自分らしい生き方ができる、国民の皆さん、一人一人の多様な人生に選択肢を広げる政治家として生きていきます。そして寛容で包容力のある保守政党・自民党を皆さんとつくりたい」

進次郎は産経新聞のインタビューで選択的夫婦別姓について問われると、この日の演説について言及し「私の『保守』観は、寛容な包容力ある保守だ。別姓を求める人に選択肢を用意することで誰かの権利が奪われるのか。首相になったら、30年議論を続けて答えを出さずにきた選択的夫婦別姓の導入法案を国会に提出したい。価値観、家族観が問われる問題なので党議拘束はかけない」と語った。

保守とリベラルが分断するなかで、寛容で包容力を大切にすることが保守の精神だとする進次郎。まさに進次郎の「保守」観が示される選挙戦となった。

最終章

選択

2024年〜

決着、そして再出発

9月27日、総裁選後に行われた支援議員やスタッフへの報告会にて

「私の中で足りないものがあったと思います」

２０２４年９月27日、自民党総裁選の投開票が行われ、当初、世論調査などで「最も総裁の椅子に近い」と目されていた進次郎だったが、１回目の投票では高市氏、石破氏に続いて3位に終わり、決選投票に進めなかった。

「私の中で足りないものがあったと思います。よくそこは自分でも振り返り、そしてまた、仲間からもよく分析をしてもらって、この糧を次の一つ一つに生かしていきたいと思います」

総裁選後、進次郎は記者団から敗因を聞かれるとこう答えた。議員票はトップだったが党員票は伸びず、結果は3位。メディアで当初から本命視されていた分、選挙期間中はことあるごとに「小泉氏、失速」の見出しが躍った。まさに「良く報じてもらえるときは、叩きつぶされるスタート」そのものだった。

また、記者団から総裁選への再チャレンジの可能性について聞かれると、

「立候補の決意を固めるに至った背景というのはやはり今の自民党を変えなければ、そし

自民党総裁選の投票結果

1回目投票結果（有効投票総数735票）

候補者名	国会議員票	党員・党友票	計
高市早苗	72票	109票	181票
小林鷹之	41票	19票	60票
林 芳正	38票	27票	65票
小泉進次郎	75票	61票	136票
上川陽子	23票	17票	40票
加藤勝信	16票	6票	22票
河野太郎	22票	8票	30票
石破 茂	46票	108票	154票
茂木敏充	34票	13票	47票

決戦投票結果（有効投票総数409票）

候補者名	国会議員票	都道府県票	計
石破 茂	189票	26票	215票
高市早苗	173票	21票	194票

て、今の政治の政策の進め方、強度、スピードを圧倒的に上げていかなければ、次の時代に間に合わない。こういった思いでした。その思いは変わりません」

そしてこう続けた。

「1回目ダメだったから次があるとか、そういった思いではなくて、目の前のことを全力でやる。その結果を受け止めて、また次に向かって進んでいく。今から次に向けて、言及することは控えたいと思います」

その後、選対事務所に戻った進次郎は、集まった支援議員やスタッフにあいさつをし、「皆さんのおかげで議員票は1位、総合で3位になれた」と感謝の意を示した。想定とは違う決着だったと進次郎が総括した選挙戦。その結果を振り返ると、党員票が伸び悩んだことが勝敗の分かれ目となった。

「解雇規制の緩和や自由化とは言ってない」

総裁選で進次郎は「総理総裁になったら1年以内に実現する」と3つの改革を語った。

1つ目が「政治改革」。そして2つ目が「聖域なき規制改革」。労働市場改革とその本丸として解雇規制の見直し。さらにこれまでも訴え続けたライドシェアの解禁。そして3つ目は「人生の選択肢の拡大」。選択的夫婦別姓制度導入の法案提出や、年収の壁の撤廃、労働時間規制の見直しだった。

「改革の本丸」と位置付けた解雇規制の見直しについて、告示日の演説で進次郎は「解雇規制は今まで何年、何十年も議論されてきました。社会の変化を踏まえて働く人が、業績が悪くなった企業や居心地の悪い職場に縛り付けられる今の制度から、新しい成長分野や、より自分に合った職場で活躍することを応援する制度に変えます」と強調した。

しかし、この会見を受けて、「小泉氏は解雇規制を自由化・緩和するつもりだ」と世論が大反発し、メディアは批判的な報道を展開した。また、進次郎が「緩和や自由化とは言っていない」と訴えたにもかかわらず、本命の進次郎に狙いを定めていた他の候補者たちは、「自由化・緩和だ」と集中砲火を浴びせた。

「労働市場改革を改革の一丁目一番地として取り上げたのは、すごく勇気があることですし、高く評価できると思う」と語ったのは、進次郎にこの問題についてインタビューしたビジネス映像メディア『ＰＩＶＯＴ』ＣＥＯの佐々木紀彦氏だ。

しかし、佐々木氏はこう続けた。

「解雇という言葉を使ったのがよくなかった。解雇の話で喜ぶのは経営者くらいで、大半の国民は警戒してしまう。『皆さんがより高い給料の仕事に就けるように支援する』などと言い方を変えていたら反応は違ったかもしれません」

日本経済停滞の背景にあるのが、労働生産性の低さだ。そのためこれまでもさまざまな政権が労働市場改革を進めようとしてきた。かつて安倍政権ではホワイトカラー・エグゼンプション制度、岸田政権ではリスキリングやジョブ型制度の拡大によって労働市場の流動化を促そうとした。

しかし、その度に働く人々から大きな反発が生まれ、改革は進まなかった。なかでも解雇規制の緩和にはこれまでも根強い反対があり、進次郎への大反発は必至だった。最初にこの演説を聞いた私は、「これは大変なところに踏み込んだ」と直感した。

さらに佐々木氏は、「小泉さんはマーケタータイプではないのだな」と感じたという。

「小泉さんの強い思いは伝わってきたのですが、リスキリングや残業時間規制の見直しなどの提言に共感するのは都市部の20～40代の先進層が中心で、地方やシニア層には響きにくかった。小泉さんの『子どもが生まれて自分が変わった』というメッセージも、単身世帯や子育ての終わったシニア層には刺さりにくかったのではないでしょうか」

これは後述する選択的夫婦別姓についても同じだ。都市部の若い世代をターゲットに狙いを定めれば、地方やシニア層の党員を捨てることになる。仮にあえてそうしたとしても、結果、党員票が勝負の分かれ目となったのだから、票だけを考えれば選挙戦略的に「得策」ではなかった。

そして佐々木氏が進次郎の総裁選を見て感じたのは、「スタートアップっぽさが強すぎた」ということだった。

「小泉さんのメッセージは、アメリカの民主党の政治家がシリコンバレーの起業家に向けて語っているようでした。多くの党員は『リベラル路線に行きすぎている』と拒否感を抱いたのではないでしょうか。政治はビジネス以上に老壮青のバランスが大事。チーム小泉は『青』中心でしたが、地方やシニア層の視点から提言できる『老壮』がいたら、結果は違っていたのかもしれません」

小泉氏は農林部会長時代に行った農業改革や厚労部会長時代の「人生100年時代の社会保障改革」において、改革の志が高い若手議員らでチーム小泉をつくってきた。今回もチーム小泉は40代の〝ベスト・アンド・ブライテスト〟が中心で、選挙事務所は自民党本部から徒歩数分の起業家が集うオフィスビルに構え、これまでの総裁選にはない刷新感を打ち出していた。

改革のスピードを上げるために、志を同じくする同世代がチームを組む。しかし、時としてこれが〝フィルター・バブル〟につながってしまう。「改革のスピード」か「老壮青のバランス」か、難しい課題が突き付けられたかたちだ。

集中砲火を受けた「選択的夫婦別姓」

そして、総裁選で大論争となったのが選択的夫婦別姓制度だ。

選択的夫婦別姓の実現を目指す一般社団法人「あすには」代表理事の井田奈穂氏は、進次郎がこの改革を「1年以内に実現する」と語ったとき「素晴らしい」と感じた。

「自民党の議員や秘書の方々にも改姓せざるをえなかったと思いを持っている方々はたくさんいますが、バックラッシュや落選運動を避けるため、公に話すことは難しいのです。そのなかで小泉さんが勇気をもって当事者として発言したのを見たときは、血の通った総理になられるだろうなと思いました」

しかし、選択的夫婦別姓の討論で、「内閣府の調査では賛否が僅差で、旧姓の通称使用支持が4割いる」「旧姓の通称使用で不動産登記は可能」「子どもの人権を毀損する」「家の絆がなくなる」といった反論に、進次郎がそれら一つ一つにしっかり再反論する姿は残念ながらほとんど見られなかった。これについて井田氏は「私たちには想定される反論に打ち返す準備はできていた」という。

たとえば内閣府の調査結果を受けた反論に対して、井田氏はこう打ち返す。

「日本は国連から2003年以降3度にわたって、夫婦別姓を認めないのは人権問題だと是正勧告を受けています。実際に『自分の氏名を変えずに名乗る権利は、性別問わず等しくあるべき』という人権の理念から、かつて強制的夫婦同姓だった国は、日本以外すべて選択制に法改正しています。マイノリティの人権回復に、マジョリティの許可や同意は本来必要ありません。よって世論調査を言い訳に人権侵害を続けてはならないのです」

さらに他の反論に対しても、進次郎はこう再反論するチャンスがあったと語る。

「『不動産登記は旧姓でできる』という高市氏のミスリードを、その場でファクトチェックできなかったメディアにも問題があったと思います。『子どもが可哀そう』、『情緒不安定になる』というのは、今、実際に日本にいる離婚や再婚、事実婚や国際結婚などで別姓となっている多くの家族に対する差別的な発言ではないでしょうか。一部の属性の国民に対して差別発言をする政治家は国のトップに適さないと思います」

総裁選の討論を見ていて井田氏が進次郎に感じたのは、「百戦錬磨の反対論者との違いが表れた」ことだった。

「ここ数年、小泉さんが国会論戦で自ら手を挙げて（このテーマで）討論している姿を見たことがありません。弁舌爽やかだし短いキーワードで話すのはすごく心強い感じがしますが、論戦になるとデータや実例の引き出しも必要ですし、戦い抜く老獪さも大事だと思いました。その点は反対論者が準備できていたと思います」

総裁選は「武器を持たない戦争」だった

長年にわたって永田町を見ているある政治評論家は、「小泉氏はこれまで議員間の討論をやってこなかったのでは」と語る。

「総裁選のようなテーマが多岐にわたる討論では、よほど経験があるか勉強していないと対応できません。告示日の会見で原稿を200回以上見たり、外交問題を問われて『カナダのトルドー首相は就任時に私と同い年』と答えたり、政策面でのやりとりがあそこまでであなければ総裁になる可能性はあったかもしれません」

そしてこう続けた。

「小泉氏の知名度は抜群ですが、世論調査は所詮、人気調査です。もし小泉氏が今回の結果をいい経験をした、いいところまでいった、次は何とかなると捉えていたら大きな間違いです。これから時間をかけて勉強し、成長しなければ、次の総裁選に出ても厳しいです。また周囲に荒波にもまれた経験値のある人間がいないと難しいです」

総裁選は「武器を持たない戦争のようなもの」と語ったのはほかならぬ進次郎だ。進次郎の改革への高い志と強い気持ちは国民に伝わったはずだ。しかし数十年のあいだ進まなかった問題に決着をつけるには、より周到な準備が必要だった。

石破氏は5回目のチャレンジで総裁の椅子に座った。進次郎の父・純一郎氏も総裁になったのは3回目だ。今回自らバッターボックスに立ちフルスイングしたが、ボールはスタンドに届かなかった。先人たちが敗北から何を学び、次のバッターボックスに立つためにどんな努力をしてきたのかを学ぶことが必要だ。

知名度の高い進次郎は、石破総裁から「選挙の顔」として選対委員長の要職に起用された。石破氏はかつて進次郎についてインタビューしたとき、「日本国のために進次郎を使い捨てにしてはいけない」と語った（第4章参照）。しかし、進次郎は来る選挙で結果を出すことが求められている。

総裁選は百戦錬磨、手練手管の候補者たちが総裁の椅子を巡って争う戦争であることを、進次郎は身にしみてわかったはずだ。今回の総裁選の敗北をどう総括し、「次」に向けてどんな戦略を立てていくのか？

我々は進次郎の「新時代への選択」を待っている。

おわりに

小泉氏と知り合ったのは2005年。私は報道に携わってから政治部をスタートにニューヨーク支局、経済部、そして解説委員として、多くの政治家を取材してきた。しかし、節目節目とはいえ、こうして長きにわたって追い続けてきたのは小泉氏だけである。

とはいえ、小泉氏の番記者をしたのは環境大臣の頃だけで、一日中行動を共にすることはほとんどなかったし、ましてや私的なことで会話をすることもなかった。あくまで政局と政策本位で取材し、記事を書いてきた。

ではなぜ、一政治家への取材がここまで長く続いているかというと、小泉氏には他の政治家とは違う、言葉の魅力と未来へのビジョンと行動力があるからだ。

そしてこれまでの政治家人生の中で、小泉氏が一貫してブレないのは「次の世代にどんな日本を残すか」という視点だ。それは今回の総裁選の出馬表明で語った「子どもたちの未来に責任を持つ政治家として、今、政治を変えなかったら子どもたちの時代に間に合わない」という一言に集約されていた。

そんな小泉氏が目指す多様な人生に選択肢を広げる、「寛容で包容力のある保守政党」が実現するのを私は見てみたい。これからもニューヨークで出会った青年が、一国のトップにのぼり詰めていく姿をウォッチし、記録していくつもりだ。もし本書の続編があるとすれば、最終章は小泉氏が総理総裁になった場面で終わるだろう。

最後に、本書を出版するにあたりご協力いただいた皆さま、前著から担当をしていただいている秋葉俊二編集長、そしていつも私を応援してくれている家族や友人に心から感謝を表します。

そして、ここまで読んでいただいた読者の皆さま、ありがとうございました。

2024年10月

鈴木　款

鈴木 款（すずき まこと）

北海道函館市生まれ。神奈川県立小田原高校、早稲田大学政治経済学部卒。農林中央金庫を経て、1992年フジテレビに入社。政治部、ニューヨーク支局長、経済部長を経て現在解説委員。教育、人権問題をライフワークとして取材。FNNプライムオンライン、教育新聞、東洋経済オンライン他で執筆中。2022年、第4回ソーシャルジャーナリスト賞受賞。著書に『小泉進次郎　日本の未来をつくる言葉』（扶桑社新書）、『日本のパラリンピックを創った男 中村裕』（講談社）、『日経電子版の読みかた』（プレジデント社）、共著『世界標準の英語の学び方』（学陽書房）、編書『日本人なら知っておきたい 2020教育改革のキモ』（扶桑社）。大学でメディアリテラシー、ジャーナリズムの講義を行う。映倫の次世代への映画推薦委員。はこだて観光大使。趣味はマラソン。2017年にサハラ砂漠マラソン（全長250キロ）を走破。2020年早稲田大学院修了。

カバー・209ページ写真／山田大輔　装丁／竹下典子（扶桑社）
DTP／小田光美　校正／小西義之

新時代への選択
小泉進次郎

発行日 2024年10月23日　初版第1刷発行

著　　者………鈴木 款
発 行 者………秋尾弘史
発 行 所………株式会社 扶桑社
〒105-8070
東京都港区海岸1-2-20 汐留ビルディング
電話 03-5843-8842（編集）
03-5843-8143（メールセンター）
www.fusosha.co.jp

印刷・製本………株式会社 広済堂ネクスト

Printed in Japan　ISBN 978-4-594-09940-4